国家文化公园理论与实践丛书

国家文化公园
建设的基本理论研究

庄文城　等…著

中国出版集团
研究出版社

图书在版编目(CIP)数据

国家文化公园建设的基本理论研究/庄文城等著. -- 北京：研究出版社，2024.3
ISBN 978-7-5199-1540-7

Ⅰ.①国… Ⅱ.①庄… Ⅲ.①文化－国家公园－建设－研究－中国 Ⅳ.①G122

中国国家版本馆CIP数据核字(2024)第022609号

出 品 人：陈建军
出版统筹：丁　波
责任编辑：寇颖丹

国家文化公园建设的基本理论研究
GUOJIA WENHUA GONGYUAN JIANSHE DE JIBEN LILUN YANJIU

庄文城 等 著

研究出版社 出版发行

（100006　北京市东城区灯市口大街100号华腾商务楼）
北京中科印刷有限公司印刷　新华书店经销
2024年3月第1版　2024年3月第1次印刷
开本：710毫米×1000毫米　1/16　印张：12.5
字数：198千字
ISBN 978-7-5199-1540-7　定价：62.00元
电话（010）64217619　64217652（发行部）

版权所有•侵权必究
凡购买本社图书，如有印制质量问题，我社负责调换。

《国家文化公园理论与实践丛书》编委会

主　任：计金标

成　员：（按姓氏笔画排序）

　　　　王福州　冯　凌　吕　宁　庄文城　刘　敏

　　　　刘志明　祁述裕　李小牧　李朋波　李洪波

　　　　李嘉珊　杨海峥　邹统钎　张　辉　董耀会

　　　　程惠哲　傅才武

PREFACE 前言

习近平文化思想的形成和提出，在党的宣传思想文化事业发展史上具有里程碑意义，在马克思主义文化理论发展史上也具有深远意义。这一重要思想以全新视野深化了对社会主义文化建设规律的认识，丰富和发展了马克思主义文化理论，构成了习近平新时代中国特色社会主义思想的文化篇，为新时代新征程铸就社会主义文化新辉煌、建设中华民族现代文明提供了科学指引。建设国家文化公园，是以习近平同志为核心的党中央的重大决策部署，也是新时代推进文化繁荣发展的重大文化工程。贯彻落实党的二十大精神，建好用好国家文化公园，要坚持以习近平文化思想为指引，努力把国家文化公园建成传承中华文明的标志性工程、凝聚中国力量的共同精神家园、提升人民群众生活品质的体验空间和展示中国形象的亮丽名片。

一、习近平文化思想是马克思主义文化理论中国化时代化的创新性成果

习近平文化思想坚持马克思主义的基本立场观点方法，创造性运用马克思主义世界观和方法论，深刻解答了中国特色社会主义文化建设中的重大理论和实践问题，是新时代中国特色社会主义文化建设实践经验的深刻总结，通过一系列丰富的原则性论断、原理性成果、原创性贡献，开辟了马克思主义文化理论发展的新境界。

习近平文化思想中包含着丰富的原理性理论成果，既坚持马克思主义关

于文化及文化建设的基本原理观点，又在新时代文化建设的实践中弘扬发展这些原理观点。这些重大思想、重大创新、重大发展，深刻揭示了社会主义文化建设的内在规律，在马克思主义理论发展史上具有开创性、标志性的重大意义。

习近平文化思想是内容丰富、内涵深刻、内在统一的思想体系。涵盖理论武装、舆论宣传、思想道德建设、精神文明建设、文化繁荣发展、网络建设管理、文明交流互鉴等。这一重要思想蕴含了"六个必须坚持"的立场观点方法，既有重大理论观点上的创新突破，又有文化工作布局上的部署要求，构成了明体达用、体用贯通，理论与实践相结合、认识论与方法论相统一的思想体系。这一思想的形成，表明我们党对社会主义文化建设规律的认识达到了新高度，表明我们党的历史自信、文化自信达到了新高度。

二、习近平文化思想是坚持"两个结合"的最新成果

习近平文化思想集中体现了坚持"两个结合"在文化领域的实践经验和理论硕果，体现了我们党强烈的文化担当、坚定的文化自信、高度的文化自觉。习近平文化思想既赋予了"两个结合"新的内涵，又推动了"两个结合"深入发展，进一步深化了对党的创新理论的规律性认识，深化了对中华文明发展的规律性认识。这对我们更加自觉地担负新时代文化发展的使命、缔造属于这个时代的新文化，具有重大而深远的意义。习近平文化思想之所以能凝聚人心、汇聚力量，被广大人民群众理解、认同，不仅在于其反映了人民群众的精神追求，也在于其坚定的历史自信和文化自信，在于其坚持古为今用、推陈出新，把马克思主义思想精髓同中华优秀传统文化精华贯通起来、同人民群众日用而不觉的共同价值观念融通起来，将中华民族的伟大精神和丰富智慧更深层次地注入马克思主义。同时，以马克思主义为指导，扎实推进新时代中国特色社会主义文化建设，对中华民族优秀传统文化进行创造性转化和创新性发展，不断推进马克思主义文化理论中国化时代化，形成了习近平文化思想，丰富和发展了马克思主义文化思想。

"两个结合"也是推进理论创新和文化繁荣的必由之路。一是让马克思主义在21世纪的中国展现出强大的生机活力。马克思主义以真理之光让中华文明的优秀基因凤凰涅槃，中华优秀传统文化赋予了马克思主义文化鲜明的中国特色、中国气派、中国风格，让马克思主义在中国落地生根、开花结果。习近平文化思想使马克思主义与中华优秀传统文化在价值观上的"契合"，转化为自觉自为的"结合"，让马克思主义中国化时代化，让中华优秀传统文化实现科学化现代化，为党和国家指导思想融注了鲜活的、丰富的文化内涵。二是让社会主义道路在21世纪中国展现出了强大的中国力量。习近平总书记指出："只有立足波澜壮阔的中华五千多年文明史，才能真正理解中国道路的历史必然、文化内涵与独特优势。"中国特色社会主义道路是在马克思主义指引下开辟出来的，也是从五千多年中华文明发展史中延续发展而来的。中国式现代化既是赓续古老文明走向现代化的典范，又将推动中华文明重焕荣光，赋予中华文明以现代力量；中华文明让中国式现代化扎根在五千多年文明基因之中，赋予中国式现代化以深厚的历史底蕴和精神力量。习近平文化思想赋予中国道路更加深远的历史纵深和更加广阔的发展空间。三是为21世纪中国特色社会主义文化繁荣发展指明了前进方向。新时代新征程，只有坚持"两个结合"，我们党才能保持宣传思想文化工作上的自觉，不断推进马克思主义中国化时代化，不断推动中华优秀传统文化创造性转化和创新性发展。习近平总书记强调："更重要的是，'第二个结合'是又一次的思想解放，让我们能够在更广阔的文化空间中，充分运用中华优秀传统文化的宝贵资源，探索面向未来的理论和制度创新。"总之，习近平文化思想是坚持"两个结合"的最新理论成果，又在继续推动"两个结合"中发展完善。

三、习近平文化思想是建好中华民族现代文明的科学指南

习近平文化思想的突出特点，就是明体达用、体用贯通。在重大创新观点上，以一系列原创性、突破性的理论观点，深刻揭示了文化发展、文明传

承的内在规律，具有极为重要的本体论和认识论意义。在战略部署上，做出了一系列重大部署，提出了一系列要求，明确了新时代文化建设的路线图和任务书，为推进文化强国建设提供了科学指引。

文化是国家和民族的灵魂，关乎国本、国运。在世界百年未有之大变局加速演进、中华民族伟大复兴迈进关键阶段的时代背景下，习近平文化思想的形成，顺应了时代变化发展，推进了强国建设、民族复兴伟业，推动了党的创新理论不断丰富发展，是新时代推进中国特色社会主义文化建设、建设中华民族现代文明的内在要求。这一重要思想，立足党和国家事业发展全局，从理论与实践、历史与现实的结合上，深刻回答了新时代我国文化建设举什么旗、走什么路、坚持什么原则、实现什么目标等根本问题；涵盖新时代文化建设的发展方向、历史使命、目标任务、发展战略、发展途径、发展保证等基本问题。是推进新时代文化建设的总方针、总遵循、总要求，为在新的历史起点上继续推动文化繁荣、建设文化强国、建设中华民族现代文明提供科学指引和行动指南。

全面深入地学习贯彻习近平文化思想，要求我们深刻把握其重大意义、精髓要义、丰富内涵和实践要求，深刻把握其理论逻辑、实践逻辑、历史逻辑，深刻把握其创新性理论观点、系统性思想体系和长远性指导意义，坚持理论与实践、认识论与方法论、理论原则与战略举措相结合，自觉把这一重要思想贯彻落实到宣传思想文化工作各方面和全过程。要聚焦首要政治任务，坚持不懈用习近平新时代中国特色社会主义思想凝心铸魂，更好地统一思想、统一意志、统一行动；要自觉担负起新的文化使命，为强国建设、民族复兴提供坚强思想保证、强大精神力量、有利文化条件；要遵循基本原则，坚定文化自信、秉持开放包容、坚持守正创新，守护和巩固好中华文化主体性，赓续历史文脉、谱写当代华章，攀登新的思想高峰，让中华文化展现时代风采。

四、建设国家文化公园是建设中华民族现代文明战略性、创新性、标志性的文化工程

国家文化公园建设是马克思主义文化观和习近平文化思想转化为建设美丽中国、为人民谋幸福的重大举措。国家文化公园蕴含了中华文化和中国精神的时代精华。加强长城、大运河、长征、黄河、长江国家文化公园建设，打造传承中华文明的历史文化标识，更好彰显文化自信，是新时代党中央、国务院做出的重大决策部署，是"十四五"期间我国深入推进文化强国建设做出的重要战略举措。这对更好突出中华文化的整体辨识度，形成中华文化的重要标识，更好构筑中国精神，汇聚中国力量，扎实推进物质富裕与精神富裕相统一的共同富裕，创造人类文明新形态贡献中国智慧和中国方案具有重要的战略意义。

国家文化公园作为展示中华文明的重要载体，能够将中华文化的主要精神内涵通过具象的物质形式呈现出来，将悠久的历史与鲜活的现实以及光明的未来超时空地融为一体，进一步使人们对中华文化的认知和记忆得到丰富和充实，从而激发人们的文化自信，形成健康、积极向上的思维定式和路径依赖，自觉地将个人的工作和生活融到中华民族伟大复兴的事业中来。国家文化公园建设不仅承载着唤醒、增强中华民族的集体文化记忆的功能，而且承担着进一步从国家层面推进文化建设、拓展文化生产空间的使命。

建设国家文化公园是我们党自觉推进文化创新达到新高度的鲜活例证。国家文化公园是习近平总书记亲自擘画、亲自部署、亲自推动建设的重大文化工程，是以习近平同志为核心的党中央坚定推进"第二个结合"，充分运用中华优秀传统文化的宝贵资源进行理论创新和实践创新所取得的重要成果。党的二十大报告明确提出，加大文物和文化遗产保护力度，加强城乡建设中历史文化保护传承，建好用好国家文化公园。国家文化公园通过融通有形和无形，强调"坚持保护第一、传承优先"，既是有形的特定开放空间，又是无形的精彩文化空间；既让优秀传统文化形态活化传承于具象化烟火气

的日常生活，又赋予这一现实空间以深厚文化底蕴；既是看得见摸得着的丰厚文物和文化资源，又是中华民族的代表性符号和中华文明的重要象征。可以说，国家文化公园为中华文脉提供了空间力量，为文物保护创造了良好环境，为文化传承赋予了情感价值，为文化遗产注入了时代精神，生动地展示出中华文明突出的连续性、创新性、统一性、包容性、和平性。

建设国家文化公园是体现中华民族文化主体性的基础工程。中华优秀传统文化是中华民族的精神命脉。在文化传承发展座谈会上，习近平总书记强调："'结合'巩固了文化主体性，创立新时代中国特色社会主义思想就是这一文化主体性的最有力体现。"国家文化公园深耕"文化"丰厚沃土，是在习近平新时代中国特色社会主义思想科学指引下，基于巩固文化主体性而创造的新概念、新空间、新动能，是体现中华民族文化主体性的一项基础工程。长城、大运河、长征、黄河、长江五大国家文化公园是全体人民在党的领导下，共同参与新时代中国特色社会主义文化创造、参与中华民族现代文明塑造的"共创平台"。所承载的中华优秀传统文化、革命文化、社会主义先进文化，是中华民族现代文明的底色，积淀着中华民族最为深沉的精神追求，蕴含着独具特色的民族精神、哲学思想和价值观念，贯穿着中华民族共同坚守的理想信念和共同经历的奋斗历程，联结着中华民族的过去、现在和未来，强化了中华儿女的文化认同和情感联结。

国家文化公园是展现中国式现代化文化形态的公共产品。国家文化公园是国家文化软实力建设的重要内容。它凝结中国智慧、绽放中国魅力、彰显中华文化底蕴，体现出我们党领导中国人民在文化建设上的想象力和创新力，向各国提供了文化建设的新思路、文明塑造的新路径，创造了促进文明交流互鉴、民心相连相通的新经验。世界可以通过中国国家文化公园这个窗口"看到中国""感受中国""读懂中国"；国家文化公园的建设经验、思路和模式，可为各国提供借鉴参考。国家文化公园承载着世界人民的很多"共同叙事"，具有贯通"历史记忆"的独特作用，可为对外传播话语体系建构和创新提供丰富语料库、巨大流量池、充足活力源。利用国家文化公园的"历史记忆",融通"共同叙事",进行"现代表达",展现合作共赢、和平发展的中国智慧、中国方案,开放自信、兼收并蓄的中国胸襟、中国气度,能够让国外受众听得懂、听得进、听得明白,有利于形成温暖亲和的文化磁场,增强中华文化吸引力感染力。

五、坚持"六个必须坚持",高质量推进国家文化公园建设

习近平文化思想涵盖11个方面重大创新观点和16个方面战略部署,是我们党在宣传思想文化领域不断推进理论创新取得的重要成果,蕴含了习近平新时代中国特色社会主义思想的世界观和方法论,即"六个必须坚持",为高质量推进国家文化公园建设提供思想指南和前进方向。

建好用好国家文化公园要坚持人民至上。以习近平文化思想为指导,建好用好国家文化公园,首先要坚持人民立场。建设这一伟大工程的宗旨在本质上就是要为人民服务,一切工作必须以人民为中心,不断丰富人民群众精神文化生活,不断满足人民日益增长的美好生活需要。国家文化公园的建设,要依靠人民,注重发挥人民首创精神,把人民的文化创造主体作用充分展现出来。国家文化公园的建设,不论其内容还是形式,不论其物质载体还是精神塑造,都应当为广大人民群众所理解、认同和接受,能够进入人民的心坎里,能够增强人民的爱国热情,进而以高质量文化供给不断满足人民群众的要求和期待。

建好用好国家文化公园要坚持自信自立。以传承和弘扬中华优秀文化为目标的国家文化公园建设,是以习近平文化思想为指导的新时代伟大文化工程。建设这一伟大工程,既不是简单复原或延续我国历史文化的母版,也不是简单套用一些专家学者主观设想的模板,更不是别的国家公园建设的再版和翻版。建设这一伟大工程,是新时代我们党坚持文化自信、发扬历史主动精神的重要文化事业,就是要以经由"结合"而形成的中国式现代化文化新形态来进一步增强中华儿女的文化主体性,凝聚推进中华民族伟大复兴

的磅礴力量。

建好用好国家文化公园要坚持守正创新。作为新时代中国特色社会主义文化的载体，国家文化公园必然要展现符合"两个结合"根本要求的文化新形态，国家文化公园的建设必须守正创新。一方面，体现在国家文化公园中的各种文化元素及其承载的精神内涵，尤其是具体实践所围绕的原则和要求，决不能抛弃马克思主义这个魂脉，决不能抛弃中华优秀传统文化这个根脉；另一方面，必须让国家文化公园讲新话，表现出新思路、新话语、新机制、新形式，实现中华文化传统形态及其现代形态的有机衔接，但不能割断魂脉和根脉，而是要守住是中国共产党的文化领导权和中华民族的文化主体性。

建好用好国家文化公园要坚持问题导向。国家文化公园涉及方方面面的问题，有时甚至非常复杂，不能眉毛胡子一把抓，不能在诸多现象和细节中迷失方向、舍本逐末。问题是事物矛盾的表现形式，增强问题意识、坚持问题导向，就是要善于把认识和化解矛盾作为打开工作局面的突破口。建好用好国家文化公园，既要讲两点论，又要讲重点论。就是要把握本质和全局，抓住主要矛盾和矛盾的主要方面，突出国家文化公园的本质特征、主要元素、典型形象和特定的精神内涵。

建好用好国家文化公园要坚持系统观念。国家文化公园建设，是关乎文化强国建设和中华民族伟大复兴的重大文化工程，它的显著特征就在于其综合性、系统性。必须坚持以习近平文化思想所蕴含的丰富的系统思维为指引，在"五位一体"总体布局的大系统中谋划国家文化公园建设蓝图，从历史力量、文明结构、价值体系等方面协调增进国家文化公园的可持续发展能力。每一处国家文化公园都构成了一个独特的文化子系统，既要突出展现自己整体性、系统性的角色，同时，也要立足一域谋全局，要增强政治意识、大局意识、核心意识、看齐意识，将子系统的文化势能有机地融入整体系统效能的提升中。

建好用好国家文化公园要坚持胸怀天下。国家文化公园是对中国式现代化文化形态的重要展示，是对国家文化软实力建设的重要体现，能够向世界彰显中国立场、中国智慧、中国价值。因此，在世界范围内，国家文化公园承担着提升中华文化传播力影响力，展现可信、可爱、可敬中国形象的重大使命。由于国家文化公园形象地向世界展示了中华优秀传统文化、革命文化、社会主义先进文化，这不仅能够有力地推动中华文化走出去，更加鲜明地展现中国理念，让世界更好了解中国，而且，有助于进一步推动中华文化构成全人类共有的精神财富和智慧资源，促进世界文明交流互鉴。

CONTENTS 目录

第一章
建设国家文化公园的时代背景 / 001

第一节　适应新时代发展提出的重大举措 …………………002
  一、坚定文化自信是新时代的精神旗帜 ………………… 003
  二、新时代召唤社会主义文化强国建设的新使命 ………… 006
  三、建设国家文化公园是新时代文化强国建设的标志性工程 … 007

第二节　推动中华文化繁荣发展提出的创新工程 …………010
  一、中华文化繁荣发展是实现中华民族伟大复兴的必然要求 … 011
  二、中华文化繁荣发展为人类和平发展贡献中国智慧 ………… 013
  三、建设国家文化公园推动中华文化繁荣发展 ………………… 016

第三节　推进全体人民共同富裕的重要举措 …………………019
  一、共同富裕是物质富裕和精神富裕相统一 ………………… 019
  二、实现精神富裕需要文化的繁荣发展 ……………………… 021
  三、建设国家文化公园是推进共同富裕的重要载体 ………… 023

第四节　开创人类文明新形态的重要文化工程 …………………025
  一、构建人类命运共同体，弘扬全人类共同价值 …………… 026
  二、深化人文交流互鉴，推动人类文明不断进步 …………… 028

三、建设国家文化公园，推动创造人类文明新形态 …………… 029

第五节　开辟了我国文化建设和公园建设的新境界 …………………… 030

　　一、开创了先进文化积极引领的新方式 ………………………… 032

　　二、开创了社会主义宣传教育的新境界 ………………………… 034

　　三、开创了公共文化服务的新水平 ……………………………… 036

　　四、开创了推动文化事业繁荣发展的新举措 …………………… 037

第二章　国家文化公园的理论基础　/039

第一节　国家文化公园的理论来源 ……………………………………… 040

　　一、坚定文化自信 ………………………………………………… 041

　　二、打造中华文化标识 …………………………………………… 041

　　三、满足人民美好生活需要 ……………………………………… 044

第二节　国家公园理论与实践的借鉴 …………………………………… 045

　　一、国家公园的概念与内涵 ……………………………………… 045

　　二、国家公园的主要管理思想 …………………………………… 046

　　三、中国国家公园的发展实践 …………………………………… 047

第三节　文化遗产保护与管理理论的支撑 ……………………………… 048

　　一、核心概念与内涵 ……………………………………………… 048

　　二、文化遗产核心管理理论 ……………………………………… 051

　　三、国外文化遗产类国家公园管理的研究与实践 ……………… 057

　　四、中国遗产管理体系现状 ……………………………………… 062

第四节　国家文化公园的核心要义 ……………………………………… 063

　　一、国家文化公园建设是国家重大战略部署 …………………… 063

　　二、国家文化公园将成为中华文化重要标识 …………………… 065

三、国家文化公园将推动新时代国家文化建设 ………………… 066

四、国家文化公园将支撑文化中国的空间骨架 ………………… 067

第三章
国家文化公园建设的基本原则 / 069

第一节 传承保护与创新发展相统一 ……………………………070
一、在保护中发展，在发展中保护 ……………………………… 071
二、找到传统文化和现代生活的连接点 ………………………… 076
三、文旅融合是国家文化公园活化利用资源的重要路径 ……… 076
四、依托国家文化公园，充分发挥教育引导功能 ……………… 077

第二节 价值引领与美好生活相统一 ……………………………077
一、坚持价值引领，重视价值导向 ……………………………… 078
二、为人民群众提供丰富的精神食粮 …………………………… 079
三、扎实推进国家文化公园建设，满足人民美好生活 ………… 080

第三节 社会效益、经济效益和生态效益相统一 ………………082
一、国家文化公园建设应当注重社会效益 ……………………… 082
二、国家文化公园建设应当重视经济效益 ……………………… 086
三、国家文化公园建设应当关切生态效益 ……………………… 089
四、坚持社会效益、经济效益和生态效益有机统一 …………… 091

第四节 统筹规划和因地制宜相统一 ……………………………095
一、国家文化公园建设要遵循统筹规划原则 …………………… 095
二、国家文化公园建设要遵循因地制宜原则 …………………… 098
三、国家文化公园的统筹规划和因地制宜的统一 ……………… 102

第四章
国家文化公园建设的战略价值 / 107

第一节　国家文化公园建设的文化价值 ·················· 108
　　一、强化中华文明的重要标识 ·················· 109
　　二、发展社会主义先进文化 ·················· 110
　　三、提升国家文化软实力 ·················· 112
　　四、推进社会主义文化强国建设 ·················· 114

第二节　国家文化公园建设的经济价值 ·················· 116
　　一、促进文化公益事业的发展 ·················· 117
　　二、加强历史文化资源的保护、传承和利用 ·················· 118
　　三、促进文化旅游产业的发展 ·················· 120

第三节　国家文化公园建设的政治价值 ·················· 123
　　一、传承以爱国主义精神为核心的政治内容 ·················· 123
　　二、体现以人民为中心的政治价值取向 ·················· 125
　　三、增强以共同体意识为目标的政治价值功能 ·················· 126
　　四、实现以中华民族伟大复兴为目的的政治价值理念 ·················· 128

第四节　国家文化公园建设的社会价值 ·················· 129
　　一、是实现民族复兴伟大梦想的现实需要 ·················· 130
　　二、有助于实现系统性、整体性保护和发展 ·················· 130
　　三、丰富人民精神文化生活 ·················· 133
　　四、铸牢中华民族共同体意识 ·················· 134

第五节　国家文化公园建设的生态价值 ·················· 135
　　一、推动社会主义生态文明建设 ·················· 135
　　二、促进对自然资源和生态环境的保育 ·················· 136
　　三、推动经济社会绿色发展 ·················· 138

四、满足人民美好生活需要 …………………………………… 140

第五章
国家文化公园建设的基本方略 / 143

第一节　坚持高质量建设的标准 …………………………………144
　　一、国家文化公园建设的基本原则 …………………………… 144
　　二、加强对生态保护和高质量发展的领导 …………………… 145
　　三、构建高质量发展的动力系统 ……………………………… 146
　　四、实行最严格的生态环境保护制度 ………………………… 146
　　五、推进实施重大工程 ………………………………………… 147

第二节　坚持贯彻新发展理念 ……………………………………150
　　一、国家文化公园建设应遵循创新发展理念 ………………… 150
　　二、国家文化公园建设应遵循协调发展理念 ………………… 154
　　三、国家文化公园建设应遵循绿色发展理念 ………………… 156
　　四、国家文化公园建设应遵循开放发展理念 ………………… 158
　　五、国家文化公园建设应遵循共享发展理念 ………………… 158

第三节　建立和完善国家文化公园的管理体系 …………………160
　　一、建立国家文化公园协调机制 ……………………………… 160
　　二、建立国家文化公园规划管理体系 ………………………… 161
　　三、建立国家文化公园参观游客管理体系 …………………… 161
　　四、建立国家文化公园特许经营管理体系 …………………… 162
　　五、建立国家文化公园安全保障和应急救援体系 …………… 162
　　六、建立国家文化公园展陈内容审核管理体系 ……………… 163
　　七、建立国家文化公园数据资源开放与共享管理体系 ……… 164
　　八、建立国家文化公园禁止性行为清单管理体系 …………… 164

第四节　国家文化公园的法制保障 …………………………… 165
　　　一、国家文化公园法制建设基本思路 ……………………… 166
　　　二、国家文化公园建设的法制保障 ………………………… 167
　　　三、国家文化公园运营的法治保障 ………………………… 171

后记 ……………………………………………………………… 177

第一章
CHAPTER 1

建设国家文化公园的
时代背景

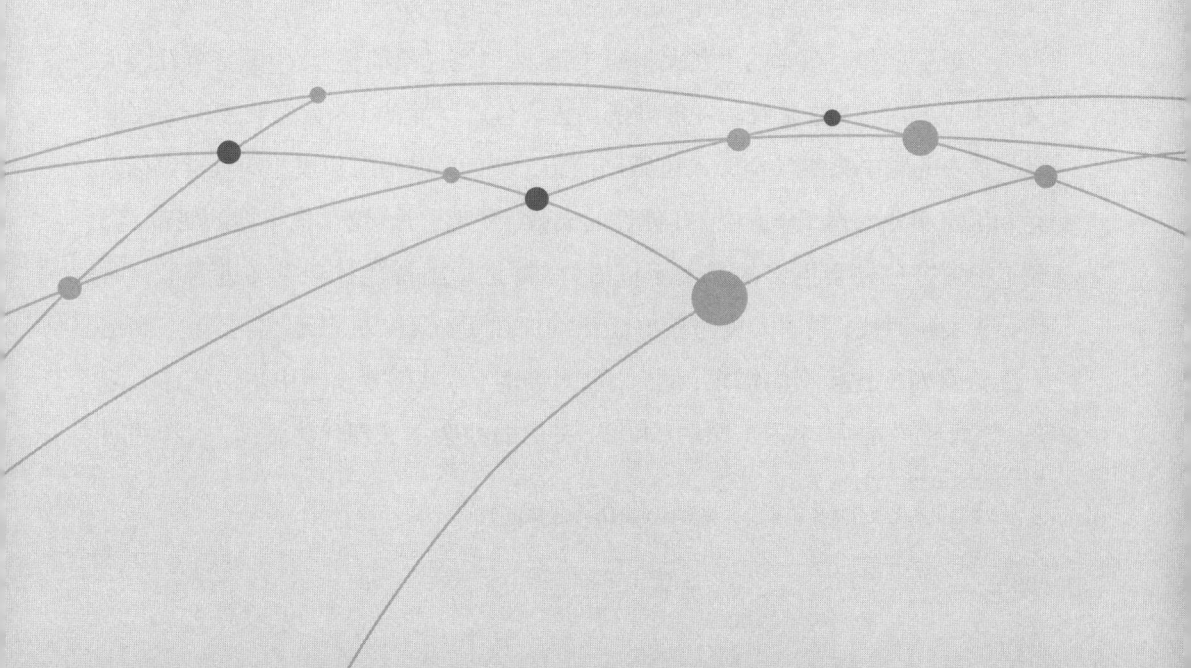

文化是一个国家、一个民族的灵魂,每一个时代都需要有标识性文化和代表每个时代文化特色的精品力作。中国特色社会主义进入新时代,推进社会主义文化强国建设、满足人民文化需求、增强人民精神力量,是开启全面建设社会主义现代化国家新征程、实现中华民族伟大复兴的必然要求。国家文化公园建设是马克思主义文化观和习近平文化思想转化为建设美丽中国、为人民谋幸福的重大举措。国家文化公园蕴含了中华文化和中国精神的时代精华。加强长城、大运河、长征、黄河、长江国家文化公园建设,打造传承中华文明的历史文化标识,更好彰显文化自信,是新时代党中央、国务院做出的重大决策部署,是"十四五"期间我国深入推进文化强国建设做出的重要战略举措。这对更好突出中华文化的整体辨识度,形成中华文化的重要标识,更好构筑中国精神,汇聚中国力量,扎实推进物质富裕与精神富裕相统一的共同富裕,为创造人类文明新形态贡献中国智慧和中国方案具有重要的战略意义。

第一节　适应新时代发展提出的重大举措

习近平总书记在党的十九大报告中指出:"经过长期努力,中国特色社会主义进入了新时代,这是我国发展新的历史方位。"[1]党的十八大以来,以习近平同志为核心的党中央领导全国人民砥砺前行,如期实现全面建成小康社会目标,党和国家事业取得了全方位、开创性的成就,发生了深层次、根本性的变革,彰显了中国特色社会主义的强大生机活力,推进中国特色社会主义进入了新时代。进入新时代,我国人民对美好生活的向往更强烈、更多元,需要更好满足人民群众对文化生活的需求;同时,进入新时代,我们要实现中华民族伟大复兴,全面建设富强、民主、文明、和谐、美丽的社会主义现代化强国,意味并召

---

[1]　《党的十九大报告辅导读本》,人民出版社2017年版,第10页。

唤着社会主义文化强国建设的新任务、新使命。建设国家文化公园就是建设社会主义文化强国的标志性工程。

一、坚定文化自信是新时代的精神旗帜

党的十八大以来，我国社会主要矛盾已经由人民日益增长的物质文化需要同落后的社会生产之间的矛盾，转化为人民日益增长的美好生活需要和不平衡不充分的发展之间的矛盾。社会主要矛盾的历史性变化，对全局具有广泛而深刻的影响。全面从严治党取得显著成效，经济社会的发展理念、发展方式、发展环境、发展条件、发展水平都发生了重大变化。从奋斗目标看，我们已经顺利实现了第一个百年奋斗目标，开启了全面建设社会主义现代化国家新征程，向第二个百年奋斗目标进军。从国际地位看，我国逐渐走近世界舞台中心，世界对中国的关注，从未像今天这样广泛、深切、聚焦；中国对世界的影响，也从未像今天这样全面、深刻、长远。这充分说明了我国社会主义现代化事业取得了历史性成就，中国特色社会主义进入了新的发展阶段，迈上了新的历史起点。

中国特色社会主义取得的历史性成就，进一步坚定了中国特色社会主义文化自信。中国特色社会主义文化，源自于中华民族5000多年文明历史所孕育的中华优秀传统文化，熔铸于党领导人民在革命、建设、改革中创造的革命文化和社会主义先进文化，植根于中国特色社会主义伟大实践。党的十九大报告指出，文化兴国运兴，文化强民族强。没有高度的文化自信，没有文化的繁荣兴盛，就没有中华民族伟大复兴。我们能够坚定文化自信，推进文化繁荣兴盛的原因正是根源于中华优秀传统文化、革命文化和社会主义先进文化。正如习近平总书记指出："在5000多年文明发展中孕育的中华优秀传统文化，在党和人民伟大斗争中孕育的革命文化和社会主义先进文化，积淀着中华民族最深层的精神追求，代表着中华民族独特的精神标识。"[①]

中华优秀传统文化源远流长、博大精深。"只有坚持从历史走向未来，从

---

① 《习近平谈治国理政》第二卷，外文出版社2017年版，第36页。

延续民族文化血脉中开拓前进,我们才能做好今天的事业"。[①]伟大的中华民族铸就中华优秀文化,中华优秀文化基因滋养了中华民族几千年的悠久历史。中华优秀文化内植于中国人内心,潜移默化于中国人的思维习惯和行为方式之中,历经几千年一代又一代中国人的实践检验,是中华民族悠久历史传承的命脉和灵魂,可以自豪地屹立于人类共同文化之林。可以说,中华优秀传统文化作为中华民族精神的历史积淀,是中华民族生生不息、发展壮大的精神力量,承载着中华民族鲜明的民族特征和内在基因,是新时代应该传承和发扬光大的精神血脉。党的十九大明确指出,坚持"有鉴别对待、有扬弃继承、创造性转化、创新性发展"的方针,赋予中华优秀传统文化新的时代内涵。党的十八大以来的实践充分证明,5000多年的中华优秀传统文化已经成为我们党治国理政的重要思想文化根基。

革命文化昂扬向上、催人奋进。在新民主主义革命和社会主义革命的伟大斗争中,在社会主义建设的艰苦岁月里,形成和培育了昂扬向上、催人奋进的革命文化。从革命时期的红船精神、井冈山精神、古田会议精神、长征精神、延安精神、西柏坡精神,到社会主义建设时期的雷锋精神、焦裕禄精神、大庆精神、"两弹一星"精神,再到当代的抗震救灾精神、载人航天精神,这些跨越时空的革命精神和奋斗精神,是中华民族文化的瑰宝,是勤劳勇敢、艰苦奋斗的中华民族精神的凝结升华,为中国特色社会主义文化注入了坚强不屈、敢于进取的精神力量。毛泽东同志鲜明指出:"革命文化,对于人民大众,是革命的有力武器。"[②]习近平总书记也非常重视革命精神教育和革命文化的传承和发扬,2002年,他到浙江工作后,就专程到嘉兴南湖瞻仰红船;2005年6月21日,在《光明日报》发表署名文章《弘扬"红船精神",走在时代前列》。党的十九大闭幕后,习近平总书记带领新一届中央政治局常委瞻仰中共一大会址和嘉兴红船,重申"红船精神",结合新时代特点大力弘扬"红船精神"。作为中国革命

---

① 习近平:《决胜全面建成小康社会 夺取新时代中国特色社会主义伟大胜利——在中国共产党第十九次全国代表大会上的报告》,人民出版社2017年版,第41页。
② 《毛泽东选集》第二卷,人民出版社1991年版,第708页。

精神之源,"红船精神"是我们党和民族的精神支撑和道德力量,也是新时代坚持和发展中国特色社会主义的坚强精神力量。可以说,革命文化根植于中华优秀传统文化,也是中国特色社会主义文化的重要基因和直接来源,是我们坚定中国特色社会主义文化自信的重要支点。

　　社会主义先进文化承前启后、继往开来。社会主义先进文化是以马克思主义为指导,面向现代化、面向世界、面向未来的,民族的科学的大众的社会主义文化。习近平总书记强调,提高文化软实力,关系"两个一百年"奋斗目标和中华民族伟大复兴中国梦的实现,要弘扬社会主义先进文化,朝着建设社会主义文化强国的目标不断前进。[1]社会主义先进文化以博大精深的中华优秀传统文化为丰厚滋养,以昂扬向上的革命文化为精神支撑,坚持新时代中国共产党和中华民族在文化上的伟大创造。社会主义先进文化包含中国特色社会主义共同信念和共产主义远大理想、以爱国主义为核心的民族精神、以改革创新为核心的伟大时代精神、社会主义核心价值观等,是中国道路、中国经验、中国智慧的精神基因,是一种与人类社会发展规律、社会主义建设规律和中国共产党执政规律相一致的,代表人类文明发展进步方向的文化。

　　中国共产党从成立之日起,就是中国先进文化的积极引领者和践行者,又是中华优秀传统文化的忠实传承者和弘扬者。中华优秀传统文化、革命文化和社会主义先进文化相互联系、相互贯通,共同构筑起中国特色社会主义文化的宏伟大厦,统一于中国特色社会主义文化发展的伟大历史进程。正是继承和弘扬了源远流长、博大精深的中华民族优秀传统文化,昂扬向上、催人奋进的革命文化,承前启后、继往开来的社会主义先进文化,为建设文化强国坚定了骨气和底气,促进了中国特色社会主义文化繁荣昌盛,进一步坚定了中国特色社会主义的文化自信。

---

[1] 《习近平谈治国理政》,外文出版社2014年版,第160页。

二、新时代召唤社会主义文化强国建设的新使命

文化是一个民族生存和发展的重要力量。人类社会每一次跃进,人类文明每一次升华,都必然促进文化的繁荣昌盛。中国特色社会主义取得的巨大成就,进一步坚定了我们的文化自信,为我国建设文化强国奠定了坚实基础,也赋予了文化强国建设新的文化使命。党的十九届五中全会站在党和国家事业发展全局高度,明确提出到2035年建成文化强国。中国特色社会主义进入新时代,要实现中华民族伟大复兴、全面建设社会主义现代化强国,必然召唤着社会主义文化强国建设的新使命。

建设文化强国是全面建设社会主义现代化强国的应有之义。经过全国党员干部和广大人民群众的长期奋斗和不懈努力,我国已经全面建成小康社会,开启全面建设社会主义现代化国家新征程,到21世纪中叶,我国将建成富强民主文明和谐美丽的社会主义现代化强国。建设社会主义文化强国,文化的作用至关重要。中国特色社会主义"五位一体"总体布局和"四个全面"战略布局,文化都是重要方面。实现高质量发展,文化是重要支撑。满足人民日益增长的美好生活需要,文化是人们精神生活的重要因素。战胜发展道路上的各种困难和挑战,文化是重要力量源泉。

建设文化强国是实现中华民族伟大复兴的基础支撑。文化兴国运兴,文化强民族强。每一个国家和民族的繁荣发展,都必然有其灿烂的文明和辉煌的文化。中华民族之所以能在5000多年的历史演进中,始终屹立于世界民族之林,之所以历经磨难而永续发展,很重要的原因就是熠熠生辉的中华文明和博大精深的中华文化,为中华民族生生不息、发展壮大提供了精神基因和丰厚滋养。在新的历史起点上进一步坚定中国特色社会主义文化自信,推进文化强国建设,就要立足中华民族伟大复兴的奋斗目标,强化文化自觉,弘扬中华优秀传统文化、继承革命文化、发展社会主义先进文化,不断铸就中华文化新形象、新辉煌,建设好中华民族的精神家园,增强民族的认同感和自豪感,增强民族凝聚力、向心力、创造力,为中华民族伟大复兴凝聚思想共识,汇聚磅礴

力量。

建设文化强国是构建人类命运共同体的必然要求。文化是人类智慧的结晶，引领着人类历史前进和时代发展，告诉人们人类从哪里来、怎么来的、到哪里去。世界各国只有更好推进文明相通、文化相融，促进各国人民相互往来、相互尊重、相互理解，才能真正构建人类命运共同体。协和万邦、天下大同、开放包容、兼收并蓄是中华文化鲜明的特征。建设文化强国，需要坚定文化自信，但不是搞自我孤立，也不是唯我独尊，而是应该立足中国、胸怀天下，更好促进世界各国文化交流交融、取长补短、共同进步，为构建人类命运共同体、建设美好世界提供精神动力。当今世界正经历百年未有之大变局，既充满机遇，也充满挑战。尤其近年来单边主义、保护主义、孤立主义抬头，文化霸权、文明冲突等泛起，对世界各国的文化交流、文明互鉴造成了严重障碍。新时代，推进文化强国建设，就要坚定中国特色社会主义文化自信，不断提升中华文化影响力和显示度，借鉴人类社会的优秀文化成果，尊重世界各国的文明特点，推动形成互利、合作、共享、共赢的理念，积极构建人类命运共同体，为人类文明进步、文化繁荣作出新的更大贡献。

三、建设国家文化公园是新时代文化强国建设的标志性工程

国家文化公园是国家推进建设文化强国的重大文化工程。党的十九届五中全会提出到2035年建成社会主义文化强国，提出建设长城、大运河、长征、黄河、长江等国家文化公园。这五大国家文化公园覆盖绝大多数省（区、市）。建设好国家文化公园，是增强文化自信、提高中华文化显示度、推动新时代文化繁荣发展的重大工程，是中国特色社会主义进入新时代的重要建设成果，也是推进新时代中国特色社会主义伟大事业的重要举措。对于解决文化发展不平衡不充分问题、推动文化高质量发展、满足人民对美好生活的向往、实现文化强国目标，具有重大意义。

（一）国家文化公园是中华民族的重要象征和标志

国家文化公园的灵魂在于文化，建设国家文化公园的根本是对中华民族文化基因的深刻理解和挖掘。长城凝聚了中华民族自强不息的奋斗精神和众志成城、坚韧不屈的爱国情怀，已经成为中华民族的代表性符号和中华文明的重要象征。大运河是祖先留给我们的宝贵遗产，是流动的文化。大运河的开凿，始于公元前486年的春秋时期，公元7世纪（隋代）大运河第一次全线贯通。公元13世纪（元代），因政治中心的迁移转而形成南北向的京杭大运河。大运河文化昭示了我国的辉煌历史和中华民族改造自然、利用自然的勤劳、智慧和勇气。伟大长征是中华民族的不朽史诗。长征途中，英雄的红军，血战湘江，四渡赤水，巧渡金沙江，强渡大渡河，飞夺泸定桥，鏖战独树镇，勇克包座，转战乌蒙山，击退上百万穷凶极恶的追兵阻敌，征服空气稀薄的冰山雪岭，穿越渺无人烟的沼泽草地，纵横十余省，长驱二万五千里。长征精神展现了中国人民不被任何敌人所压倒、征服一切困难的英雄气概和革命精神。九曲黄河，奔腾向前，以百折不挠的磅礴气势塑造了中华民族自强不息的民族品格，是中华民族坚定文化自信的重要根基。黄河文化，是中华民族的根和魂。早在上古时期，炎黄二帝的传说就产生于此。在我国5000多年文明史上，黄河流域有3000多年是全国政治、经济、文化中心。千百年来，奔腾不息的黄河同长江一起，哺育着中华民族，孕育了中华文明。长江作为中华民族的母亲河，造就了从巴山蜀水到江南水乡的千年文脉，是中华民族的代表性符号和中华文明的标志性象征，是涵养社会主义核心价值观的重要源泉。

（二）国家文化公园是传承中华文明的历史文化标识

长城文化、大运河文化、长征文化、黄河文化、长江文化，这些大构造、大主题的历史文脉和精神资源，是民族文化、民族精神的标识和印记。万里长城万里长，长城内外是故乡。近代的烽火"激活"了长城，长城升华为中华民族抵御外侮、团结抗争的精神共相，古老的长城被赋予新的精神价值，成为中华人民共和国国歌的核心意象。大运河是大运之河，沟通长江与黄河，它像巨大的秤砣和砣线，平衡南北，维护一统，称量出大国的辽阔和分量。长征是近代以来中国共产党人率领人民，突破"三座大山"重重围困，向死而生、凤凰涅槃的一条血线。自古以来，黄河就是中华民族精神文化的大合唱。黄河是中华民族的母亲河，是中华文化的发祥地，是民族精神的根与魂。黄河文化具有强烈的时代价值，黄河边上、陕北高原，是中国革命的"落脚点"和新的"出发点"，中国共产党人在这里"领唱"《黄河大合唱》，中国革命在这里实现伟大的战略转折，写就百年党史的辉煌段落。长江后来居上，与黄河如孪生的兄弟姊妹，同声相应、同气相求，构成中华文明生生不息、历史演进中最重要的复调、合声。

（三）国家文化公园是凝聚中国力量的共同精神家园

长城、大运河、长征、黄河、长江国家文化公园蕴含的"和合"文化，展示了各民族交往交流交融、汇聚成多元一体中华民族的历史，展现了各民族人民共同缔造和发展的伟大的、统一的祖国的历史，体现了休戚与共、荣辱与共、生死与共、命运与共的民族命运共同体，彰显中华民族伟大团结精神，为实现民族复兴汇聚起磅礴力量。长城文化昭示了中华民族多元一体格局的形成和发展过程，呈现出长城沿线各民族"同呼吸、共命运、心连心"的共同体意识，可以用长城文化增强长城沿线各民族的向心力和凝聚力。大运河文化以流动的活态文化促进中华民族大一统格局形成的重要作用为着力点，呈现大运河千年历史的文化印记、滋润美好生活的文化力量、凝聚民族精神的文化精髓，彰显大运河所蕴藏的民族团结追求统一、勤劳勇敢自强不息、开放包容兼收并蓄、人与自然和谐共生等时代精神。长征文化体现了中国共产党人为国家、民族和人民谋福利的初心和使命，彰显中国共产党始终与人民风雨同舟、血脉相通、生死与共的独特政治优势和精神特质，弘扬伟大长征精神共同走好新时代长征路。黄河是中华文明发祥地、中华民族的根和魂，黄河文化呈现黄河流域文明互动、民族融合的生命活力和文化张力，彰显以爱国主义为核心的团结统一、爱好和平、勤劳勇敢、自强不息的伟大民族精神。长江文化以"江河互济"构建中华民族共有精神家园，呈现黄河文化与长江文化相互影响、相互渗透、相互补充的天然血缘联系，共同推动中华文明走上更高文明的历史，彰显大一统的中华文化绚丽多姿的色彩以及对海外文化的深远影响。

（四）国家文化公园是提升人民生活品质文化的体验空间

一是提升人民群众幸福感。文明健康、绿色低碳的生活方式，是人民对新时代美好生活的诉求。国家文化公园以文化为精神纽带，以生态为自然基底，将感受中华文化与尊重自然、保护自然意识，与人们的美好生活方式紧密连接，能够让人民群众在自然景观的徜徉和山水风情的游览中，感受国家形象的伟大、民族符号的精彩、历史故事的震撼，从而提高民族文化认同，实现对美好生活的科学性、创造性解释。同时，建设国家文化公园，体现了"主题文化+"与教育、体育、旅游、互联网的深度融合，催生出新业态、创造出新供给，可以更好满足人们民群众对美好生活的向往。二是提高人民群众获得感。社会主义文化是人民共建共享的文化，国家文化公园的建设体现了共享发展的新理念，在建设美丽国家、增进人民福祉中发挥着重要作用。比如，长征国家文化公园沿线不乏贫困地区，而这些地区往往是民族文化瑰宝的富集地。将优秀文化元素转化为文创产品，利用自然禀赋中的独特资源，建设美丽乡村、特色小镇和文化旅游目的地，让贫困地区的人民群众成为文化产业的从业者、创业者和受益者，让人民群众离美好生活越来越近。三是增强人民群众幸福感。国家文化公园富集了丰富的文化资源、珍贵的文物遗产，蕴含了中华民族生生不息的精神力量和奋斗精神。建设国家文化公园，体现了"主题文化+"与教育、体育、旅游、互联网的深度融合，催生出新业态、创造出新供给，可以更好满足人民群众对美好生活的向往。

第二节　推动中华文化繁荣发展提出的创新工程

习近平总书记指出，中华民族伟大复兴需要以中华文化发展繁荣为条件。[1]文化作为一种社会现实条件和历史传统，在客观上必然地构成了国家和

---

[1]　《习近平关于社会主义文化建设论述摘编》，中央文献出版社2017年版，第3—4页。

民族发展进步的社会资源和国家资源,[①]只有充分发挥它的经济效益、社会效益和政治效益,才能有力地推动国家和民族实现其奋斗目标。国家文化公园作为一个文化子系统,也是一个全新的概念,是我国文化治理体系和文化话语体系的一个创新性贡献,突出表现出"国之大者"的文化属性,为彰显中华文化的精神要义从而为进一步推进中华文化的复兴产生重要而积极的影响。文化不仅具有实现其他价值的功能,而且它本身就具有内在的价值。文化的本意就是"以文化人"[②],强调的是人化,就是指人在实践中认识世界、改造世界,同时也是认识自己、改造自己的过程,因此,文化重在建设,就是要立足于具体的实践,落实到一定的载体上。中华文化博大精深,构成了一个庞大而悠久的包含物质和精神在内的文化耦合、共生系统。中华优秀传统文化、革命文化与社会主义先进文化都是构成这个伟大系统的宝贵资源,建设国家文化公园,能够将这些文化资源按照其内在联系,既彰显它们具有一般性、普遍性的宏观特征,又突出它们各自具有的个别性、特殊性的微观特点,从而为不断提升中华文化认同、不断夯实中华民族文化共同体而做出重要贡献。

一、中华文化繁荣发展是实现中华民族伟大复兴的必然要求

一个民族要求生存、求独立、求发展,必须保持自己的民族个性、民族气节和民族精神,自觉地在民族文化的滋养中坚定自信、坚持自强,从而以强大的实力屹立于世界民族之林。习近平总书记指出:"文化兴国运兴,文化强民族强。"[③]建设国家文化公园就是要彰显中华文化的引领和标志作用,阐释和传达中华文化的价值和意义,强调文化身份认同,提升中华文化的感召力、影响力、凝聚力,筑牢中华民族文化共同体。在世界面临百年未有之大变局、各种国际矛盾和冲突日益加剧的形势下,中华民族必须保持自己的民族精神独立性,

---

① 李飞、邹统钎:《论国家文化公园逻辑、源流、意蕴》,《旅游学刊》2021年第1期,第15页。
② 《习近平在联合国教科文组织总部的演讲》,《人民日报》2014年3月28日,第3版。
③ 《习近平谈治国理政》第三卷,外文出版社2020年版,第32页。

坚定文化自信，充分发挥中华文化的强大优势，积极应对种种风险挑战，创造一切有利条件实现中华民族伟大复兴。

要增强中华民族的凝聚力，增进中国人民建设美丽中国的信心，让每一个中华儿女迸发出强劲的创造力、生产力、战斗力，这样的神圣使命就必然要落实到中华文化的复兴上来。习近平总书记指出："文化认同是最深层次的认同，是民族团结之根、民族和睦之魂。"[1]中华文化源远流长，博大精深，贯穿整个历史，跨越整个世界，所有中华儿女都以此为精神家园，将自己的身份认同、精神归属，连同"乡愁"都扎根在这片文化沃土之中。文化认同也是一种世界文化潮流，如欧洲文化线路（cultural route）和美国遗产廊道（heritage corridor）等保护理念。[2]与此相比较，我国的国家文化公园建设更加具有世界意义。中华文化中每一个熟悉的符号，都会激起每一个中国人的魂牵梦萦。历经磨难的中华民族，如今终于能够把自己的命运掌握在自己手中，必须同心同德，抓住百年难遇的历史机遇，以优秀的中华文化继续凝聚、焕发中国人民的信心和力量，铸就屹立于世界东方的钢铁长城，建设自己的强大国家。

中华文化具有中华民族区别于其他民族的精神特征，尤其在经济全球化发展的信息技术时代，中华民族的精神独立性，就是要以中华文化的符号体系为载体表现出来，其他民族也正是通过这套文化符号体系才能识别出中华民族的独立性来。[3]习近平总书记指出："坚定文化自信，是事关国运兴衰、事关文化安全、事关民族精神独立性的大问题。"[4]只有将中华文化发扬光大，才能够在世界上突出中华民族的个性，彰显自己的独立存在。中华文化是中华民族的灵魂，只有最充分地表现出自己的文化特性，才能让自己保守光芒四射的精神气势，才能激发中华民族肌体的勃勃生机和磅礴力量。建设国家文化公园体系，把握历史主动性，能够大规模、全方位、充满立体感地将中华文化呈现

---

[1]《习近平在参加内蒙古代表团审议时强调　完整准确全面贯彻新发展理念　铸牢中华民族共同体意识》，《人民日报》2021年3月6日，第1版。
[2] 李飞、邹统钎：《论国家文化公园逻辑、源流、意蕴》，《旅游学刊》2021年第1期，第14页。
[3] 钟晟：《文化共同体、文化认同与国家文化公园建设》，《江汉论坛》2022年第3期，第143页。
[4]《习近平谈治国理政》第二卷，外文出版社2017年版，第349页。

出来,增强国民的文化自觉、文化自信与文化认同,进一步为中华民族源源不断地提供更为丰富的文化滋养。

二、中华文化繁荣发展为人类和平发展贡献中国智慧

当今世界文化交流越来越频繁,随着中国在世界舞台上越来越发挥出重要的积极作用,世界人民也深刻地认识到,中华文化是促进世界和平发展的宝贵资源。习近平总书记指出:"包括儒家思想在内的中国优秀传统文化中蕴藏着解决当代人类面临的难题的重要启示。"[1]所以说,抱着冷战思维、零和博弈甚至霸权主义的方法来处理世界问题,一定是行不通的,那只会让问题与危机愈演愈烈,最终导致冲突与战争。真正有责任、有担当的国家要为世界和平做出贡献,那就必须向具有协和万邦、天下大同文化传统的中华文化请教,从这个具有世界意义的智慧宝库中寻找锦囊妙计。建设国家文化公园,就是要唤醒中华民族的集体记忆,在新时期推进国家文化空间生产的过程中,进一步向世界突出显示中华文化的标识,将其中蕴含的人和精神,即讲究天时、地利、人和,把人置于宇宙当中,追求人与万物和谐相处,共生共存,人与人平等互利,共同发展的这些内涵阐发出来,为世界和平发展提供智慧支持。

首先,中华文化以和为贵,把和谐作为第一价值。国家文化公园的建设应当首先把这层文化主旨向世人清楚地标识出来。相比之下,工业革命以来的西方文化却把经济发展作为第一价值,把人在宇宙中的高贵地位降低到了工具的意义上,即把人当作推动经济发展的工具,这就相当于本末倒置。根据马克斯·韦伯的观点,资本主义文化的根基在于基督教的新教,首先是加尔文教派,这种"遵守教义的"(pharisaic)宗教主张,"在现代的经济秩序下,只要是合法赚钱,就可以被看做是一种遵守天职美德的结果和发挥天职能力的表现",而且,资本主义经济就是"一个人们必须存在于其中而不能改变的秩序"[2],也就

---

[1] 《习近平在纪念孔子诞辰2565周年国际学术研讨会暨国际儒学联合会第五届会员大会开幕会上的讲话》,《人民日报》2014年9月25日,第2版。

[2] [德]马克斯·韦伯:《新教伦理与资本主义精神》,马奇炎、陈婧译,北京大学出版社2012年版,第49页。

是说，人人应当通过积累和投资来改善自己的状况，这是倡导有利于经济发展的价值观。[①]韦伯把发展经济等同于"天职"，这种定位就是规定一切都以此为目标，把其他价值都还原为能否促进经济增长的工具理性了。当今世界的经济发展事实已经证明，由于地球资源有限，经济不可能得到无限增长，人类生存于地球上，还有比发展经济更重要的价值。习近平总书记引用《中庸》的句子："万物并育而不相害，道并行而不相悖"，呼吁"建设一个远离封闭、开放包容的世界"[②]，这种倡议把人类的生存意义提升到一个更高的境界。

其次，中华文化以民生为本，讲究利他，以实现小康社会与大同世界为宗旨。这也是国家文化公园应当表征的中国的国家文化内涵。相比之下，资本主义社会奉行个人至上的原则，追求利己主义，以独立、自主、平等、人权等为借口而对他人和社会抱着冷漠甚至敌视的态度。这种差异，应当可以从源头上到不同的社会生产方式中找到原因。比如，马克思提到亚细亚生产方式，中华文化植根于农耕文明，需要政府组织兴修水利灌溉农田，因而人们在生产中结成互助互爱的社会关系，而对于西方文明的源头古希腊、希伯来这"两希"文明来说，背靠大海、沙漠，土地贫瘠，主要以渔猎和畜牧业为生，这样的生产方式决定了人们只能各自为战，在小范围内进行生产合作。这两种生产方式在文化上表现为，农耕文明注重集体主义，人与人之间结成了团结合作、互利互惠的长期稳定的情理关系；而海洋文明则崇尚个人主义的原则，主要讲个人奋斗，人与人之间也主要表现为契约、买卖关系，这种关系主要以保证交易的安全为主，并不太重视情感、友谊的交流，一切几乎围绕的就是经济利益。

西方自宗教改革和工业革命以来，随着科学技术的发展，分工细化加剧，使个人主义的社会组织原则得到了进一步的巩固。到了信息技术时代，人工智能高速发展，生活与生产中的中间环节、虚拟空间变得极为繁杂多样，人际关系的陌生化愈发凸显。由此而导致精神"自我"更为孤独，人作为社会关系总

[①] 马里亚诺·格龙多纳：《经济发展的文化分类》，载于塞缪尔·亨廷顿、劳伦斯·哈里森主编《文化的重要作用——价值观如何影响人类进步》，新华出版社2002年版，第84—85页。

[②] 《习近平谈治国理政》第三卷，外文出版社2020年版，第434页。

和的本质更是被表面的现象所遮蔽，最终有可能会造成人的彻底"异化"。那么，人在何种程度上还是"人"呢？如果说人的全面异化这种发展趋势有一定的可能性，那么，我们就应当尽最大力量去制止。关键是，我们应当采取什么方法呢？以文化建设来引导、推动社会发展的方向，这是为历史所证明的稳妥而有效的方法。就目前的世界文化类型而言，西方文化一定是不能解决这个问题的。因为，当前的危机与困境正是由这种文化推动造成的。相比较而言，中华文化追求天人合一、以和为贵，富含民本思想，贵道而贱术，以人类的可持续发展为宗旨，正是治疗现代性病症的良药。

再次，中华文化求同存异，对于相同的、类似的文化，自然会将其作为一个大家庭的成员来对待，乐于接受来自世界各地的朋友；对于不同的他者，或者修文德以来之，或者与其共处于天地间，彼此相安无事。中国人向来处世的原则是严以律己，宽以待人；己所不欲，勿施于人。相反，持守主客二元对立思维的文化，对于他者文化，一向视之为异端，必欲除之而后快，比如基于西方文化价值观建立起来的世界文化遗产保护和评价体系，就导致一些富含东方特色的遗产项目未能入选，[①]这与其对"自我"的执着观念难以分开，这种思维方式一切以我为中心，其他皆被对象化，能为我所用者即为工具，否则即为障碍。所以，在对待他者的问题上，一旦不能以求同存异的态度来处理，就必然会陷入对立、矛盾甚至冲突。《孙子兵法》对冲突和战争的结果有极为清醒的认识，认为不战而屈人之兵才是善之善者，一旦对抗起来，伤敌一千，自损八百，最终是两败俱伤。因此，只有和平相处才是上策，如果迫不得已需要通过战争来解决问题，那也是要以伐谋、伐交、伐兵、攻城为顺序而进行选择的。要从战略上进行理性的谋划，以达到和平的结果才是理想的目标。中华文化的精华，历经几千年而其要义不变，仍然可以为当今世界问题的解决提供智力支持，所以说，复兴中华文化也是世界和平发展的需要。

习近平总书记指出，"当代中国价值观念的国际知晓率和认同度还不

---

① 龚道德：《国家文化公园概念的缘起与特质解读》，《中国园林》2021年第6期，第42页。

高"①，这主要有客观和主观两个方面的原因，从客观上来看，"西方长期掌握着文化霸权"②，他们在国际上以自己的价值标准对别的文化不是抱着傲慢的态度而轻视之、忽略之，就是对别国的人权、文化等横加干涉，从而对别的文化形成遏制、打压的态势；从主观上来看，"我们的阐释技艺和传播力度还不够"③，这与语言有很大关系，当然也有技术上的原因，可能最主要的还是要加强我们的理论研究与实践创新。

三、建设国家文化公园推动中华文化繁荣发展

中华优秀传统文化的思想精华和道德精髓，是涵养社会主义核心价值观的重要源泉。关于道德观问题，涉及个人道德、家庭美德、社会公德、职业道德等方面，中华文化充满丰富的道德资源，可以为道德领域的问题提供解决方案。随着市场经济的发展、传统社会的转型、信息技术的革命、经济实现全球化，道德问题也不断地多维度、多层面、多样性地表现出来了，甚至有可能导致国家政治治理的合理性危机，④为此，必须以中华文化中的道德文化为宝贵资源，充分利用国家文化公园体系建设工程将其表现出来，最大程度地产生道德教育价值。不论道德现象多么复杂，它总归是如何做人的问题。对于如何做人，中华文化能够提供富有智慧而明确的答案。关于仁者爱人、以德立人的思想，关于以诚待人、讲信修睦的思想，关于清廉从政、勤勉奉公的思想，关于俭约自守、力戒奢华的思想，关于中和、泰和、求同存异、和而不同、和谐相处的思想，这些都是中华文化中蕴含的宝贵道德资源，可以说，尽管生活在现代，人们若要在道德上找到精神家园，使人心世道得到安顿，最好从中华文化中寻找启发和解决之道。

文化一刻也离不开其载体，正是由于文化载体的存在、呈现及其对人们生活的深度参与，文化才成为人们物质生活与精神生活的坚实基础。国家文化公

---

① 《习近平关于社会主义文化建设论述摘编》，中央文献出版社2017年版，第199—200页。
② 《习近平关于社会主义文化建设论述摘编》，中央文献出版社2017年版，第199页。
③ 《习近平关于社会主义文化建设论述摘编》，中央文献出版社2017年版，第199页。
④ 梁天卓：《大运河国家文化公园的思想政治教育价值》，《北京教育（德育）》2022年第2期，第69页。

园作为中华文化的重要载体，能够将中华文化的主要精神内涵通过具象的物质形式呈现出来，将悠久的历史与鲜活的现实以及光明的未来超时空地融为一体，进一步使人们对中华文化的认知和记忆得到丰富和充实，从而激发人们的文化自信，形成健康、积极向上的思维定式和路径依赖，自觉地将个人的工作和生活融入中华民族伟大复兴的事业中来。国家文化公园建设不仅承载着唤醒、增强中华民族的集体文化记忆的功能，而且承担着进一步从国家层面推进文化建设、拓展文化生产空间的使命。

建设国家文化公园，能够凝聚中华民族的精神共识。通过建设国家文化公园体系，打造国家文化符号，塑造国家表征，开设国家文化公园研学体验，汲取历史智慧，促进文化认同。[①]通过丰富多彩的活动，将提升国民的道德素养、构筑中华民族共有精神家园的工作向纵深处推进。通过建设国家文化公园，强化国家文化叙事，提升道德话语权影响力，传播民族精神，彰显中国价值，将华夏儿女紧紧团结在一起。

建设国家文化公园，能够具象地呈现出中华文化的精神内涵。中华文化博大精深，依托于国家文化公园的物质形式可以得到具体、生动地展示。海德格尔说："语言是存在的家。人以语言之家为家。"[②]这句话是有一定道理的。然而，文字符号作为主要语言形式，可以抽象概括对象的主要特征，形成理性的概念王国，但毕竟言有尽而意无穷，即文字并不能把对象的整体和全部都表达出来。人们的常识是百闻不如一见，视觉所见、感官所感总是更为真切实在，因而留下的印象和产生的影响总是更为深远。国家文化公园以现实的、实体的存在形式，形象地展现在人们面前，能够以其独特的"语言"叙事，诉说着一则又一则的故事，从而激发起人们的联想和想象，将文化的具体内涵以有血有肉的形象在人们心中树立起来。所以，建设国家文化公园，能够将中华文化的代表性元素和符号鲜明地展现出来，给人们的感觉造成冲击力，形成深刻的印象，进而对人们的知和行产生积极的引导作用。

---

① 梁天卓：《大运河国家文化公园的思想政治教育价值》，《北京教育（德育）》2022年第2期，第69—70页。
② 孙周兴选编：《关于人道主义的书信》，《海德格尔选集》（上），上海三联书店1996年版，第358页。

建设国家文化公园，能够丰富和充实人们对中华文化的认知和记忆。认知总是有限的，而记忆也总是有待于强化的。置身于国家文化公园，人们一定会对中华文化的认知更加真实、立体和全面，让人们对中华文化的记忆更加亲切而深刻，不仅会唤起过去的记忆，而且可以促进人们对对象的整体把握。无论时间有多么久远，也无论空间跨度有多么广大，一旦有对象进入人的直观中，关于对象的知识就会在已有的基础上进一步充实起来，理解也会得到进一步深入。面对眼前各种各样精彩纷呈的中华文化载体，人们又一次在自己的亲历中接触了大量的中华文化元素和信息，精神得到陶冶，视野得到拓宽，有助于在心里塑造起可信、可爱、可敬的中华文化形象。

建设国家文化公园，能够激发人们内心深处对中华文化的热爱。文化情感只有在浸润于具体环境中才能产生，也只有在具体的文化背景中才能得到升华。国家文化公园的建设，为培养并激发人们对中华文化的热爱之情提供了具体的物质条件和典型环境。"登高使人心旷，临流使人意远"这句古语很能说明其中的道理，即人的情感并不是凭空产生的，而是有其原因和条件的，所以说，情由境生，情景相融。可以想象，人们在国家文化公园中进行参观和学习时身临其境，文化的具体内涵一定如涓涓细流润入人的心田，使人的精神得到滋养，从而在内心深处升腾起对中华文化的崇敬和热爱之情。

总之，建设国家文化公园，有助于增强人们对中华文化的自信，助力中华文化的复兴。文化自信是坚守并弘扬中华文化的前提条件，这样的信念建立在对中华文化的认知、热爱的基础上，是知、情、意的统一。习近平总书记多次强调："文化自信，是更基础、更广泛、更深厚的自信，是更基本、更深沉、更持久的力量。"[1]这说明，文化自信的树立，必然有对中华文化充分的认识、深沉的情感、坚守的意志。建设国家文化公园，可以为人们提供全方位地了解中华文化整体的具体环境，丰富人们的文化认知，增进人们的文化情感，从而进一步树立起文化自信，培养坚守并弘扬中华文化的坚强意志。

---

[1] 《习近平谈治国理政》第四卷，外文出版社2022年版，第312页。

第三节　推进全体人民共同富裕的重要举措

共同富裕是社会主义的本质要求，是中国式现代化的重要特征，既是马克思主义的基本观点，也是中华文化的价值追求。中国特色社会主义进入新时代，党中央把逐步实现全体人民共同富裕摆在更加重要的位置上，明确到2035年要实现"全体人民共同富裕取得更为明显的实质性进展"的目标。

一、共同富裕是物质富裕和精神富裕相统一

共同富裕是人民群众物质生活和精神生活都富裕，是全体人民的富裕。坚持物质富裕和精神富裕相统一，是中国共产党人的一贯追求，也是新时代中国特色社会主义发展的必然要求。

马克思主义认为，生产资料私有制是阶级社会贫富差距的根源，强调要发展社会生产力，实现生产资料归全体人民共同所有，最终实现全人类的解放，实现共产主义社会。马克思和恩格斯在《共产党宣言》《资本论》《反杜林论》等经典著作中，都深刻揭露和批判了资本主义制度资本家压迫剥削工人阶级的本质，并从生产力与生产关系、经济基础与上层建筑相互作用的原理中，提出通过变革生产方式，"以所有的人富裕为目的"进行生产。列宁进一步丰富了共同富裕的思想。他指出，"我们要争取新的、更好的社会制度：在这个新的、更好的社会里不应该有穷有富，大家都应该做工。共同劳动的成果不应该归一小撮富人享受，应该归全体劳动者享受"，"只有社会主义才可能广泛推行和真正支配根据科学原则进行的产品的社会生产和分配，以便使所有劳动者过最美好的、最幸福的生活"。与此同时，马克思主义认为，文明是物质生产成果和精神生产成果的总和，共产主义社会要实现每个人自由而全面发展，需要物质财富和精神财富的极大丰富和共同发展，才能确保人的各项权利充分实现。马克思强调，"个人的全面性不是想象的或设想的全面性，而是他的现实联系和

观念联系的全面性"。列宁也指出,人的全面发展是指人的"物质需要"和"精神需要"都得到充分满足的过程。

坚持物质富裕和精神富裕相统一也是中国共产党人的一贯追求。自中国共产党成立以来,始终把实现全体人民共同富裕作为奋斗目标,并根据不同时期的实际情况,推进共同富裕的阶段性目标。1921年党成立时通过的《中国共产党纲领》,就提出了消灭资本主义私有制的主张。新民主主义革命时期颁布的《中国土地法大纲》,提出消灭地主对农民的剥削。新中国成立后,建立社会主义制度,为实现共同富裕奠定了制度基础。党的十八大以来,以习近平同志为核心的党中央带领全党全国各族人民,为朝着共同富裕方向稳步前进作出更加有效的制度安排。党中央多次强调,我们必须坚持发展为了人民、发展依靠人民、发展成果由人民共享,指出在发展过程中绝不能出现"富者累巨万,贫者食糟糠"的现象,提出实现共同富裕这项工作"不能等"。切实把脱贫攻坚摆在治国理政的突出位置,历史性地解决了我国的绝对贫困问题,为实现共同富裕创造了扎实基础和良好条件。在此基础上,以习近平同志为核心的党中央明确提出:到"十四五"末,全体人民共同富裕迈出坚实步伐;到2035年,全体人民共同富裕取得更为明显的实质性进展;到本世纪中叶,全体人民共同富裕基本实现。

坚持物质富裕和精神富裕相统一是对中国传统文化中共同富裕思想的继承发展。树立"民本"思想、建设"大同"社会、实现共同富裕是中国人民几千年来的美好期盼,蕴含了深厚的中华优秀传统文化基因。我国几千年来追求的大同社会强调社会由天下人共有,在物质生活方面,拥有"不患寡而患不均"的公正理念,有"大道之行也,天下为公"的社会管理制度,也有"安居乐业"的社会保障制度。在精神生活方面,有"我为人人,人人为我"的良好社会道德,实现"货尽其用,人尽其力",人与人之间诚实守信、和谐相处,具有良好的社会人际关系。在这样的社会中,品德高尚、拥有真才实学的人可以得到重用,每个人都可以得到很好的供养,不会谋取私利。可以说,中国几千年来追求的大同社会,就是物质富裕和精神富裕的统一。今天我们在高质量发展中促进共同富裕，是对中华民族源远流长的优秀传统文化的继承和发展，是对中华民族优秀思想理念的时代升华和科学表达。

二、实现精神富裕需要文化的繁荣发展

推动精神富裕文化先行。文化是一个国家、一个民族的灵魂，人民群众的精神生活和精神追求离不开文化的滋养。习近平总书记在《论扎实推动共同富裕》一文中指出："促进共同富裕与促进人的全面发展是高度统一的。要强化社会主义核心价值观引领，加强爱国主义、集体主义、社会主义教育，发展公共文化事业，完善公共文化服务体系，不断满足人民群众多样化、多层次、多方面的精神文化需求。要加强促进共同富裕舆论引导，澄清各种模糊认识，防止急于求成和畏难情绪，为促进共同富裕提供良好舆论环境。"[1]

要充分发挥社会主义核心价值观的引领作用。马克思主义在强调社会存在决定社会意识的同时，高度重视社会意识对社会存在的能动作用。中国共产党人历来重视发挥精神力量的能动作用，积极培育和塑造了中国共产党人的精神谱系。革命战争年代，中国共产党通过思想政治工作，凝聚了群众的共识，调动了群众精神力量，取得了革命的胜利。习近平总书记强调，我们要继续锲而不舍、一以贯之抓好社会主义精神文明建设，为全国各族人民不断前进提供坚强的思想保证、强大的精神力量、丰润的道德滋养。实现人民精神生活的共同富裕，必须发挥社会主义核心价值观的引领作用。社会主义核心价值观凝结着全体人民共同的价值追求，承载着一个国家、一个民族的精神追求，是社会评判是非曲直的价值标准。核心价值观认同是最持久、最深层的力量。切实发挥社会主义核心价值观的引领作用，并贯穿于精神文化建设领域，确保共同富裕的道路不变、方向不偏。富强、民主、文明、和谐的国家层面的价值追求，体现了实现人民精神生活共同富裕的共识；自由、平等、公正、法治的社会层面的价值追求，是凝聚人民群众的精神力量；爱国、敬业、诚信、友善的个人层面的价值

---

[1] 习近平：《论扎实推动共同富裕》，《求是》2021年第21期。

准则，可以不断提高人民的道德素养，激励人民追求文明健康的精神生活，筑牢"人民有信仰，民族有希望，国家有力量"的价值根基。

要不断满足人民群众精神文化生活的需要。公共文化事业和公共文化服务体系建设，是满足人民群众精神文化生活需求的重要保障，是提升人民群众文化品质的重要尺度，是实现精神富裕的基础，是人民创造美好生活的精神基石。首先，公共文化服务体系建设应以人民为中心，以不断满足广大人民群众对精神文化的需要为根本，以实现广大人民群众共建共享为目标。积极打造融入人民群众日常生活、高质量、高水平的公共文化活动和产品，营造更贴近人民群众，更能沉浸式体验的公共文化活动，确保人民群众能够融入参与其中，有良好的亲身体验，从中能获得文化的熏陶与精神的美感。丰富公共文化服务的供给方式和渠道，注重利用多媒体数字科技，为公共文化服务提供动能，提升人民群众文化权利的获得感，确保公共文化服务体系的公共性得到真正实现，更好促进社会公平。其次，公共文化服务应体现多样性特征。人民群众对文化的诉求不断提升，对公共文化的需求呈现出个性化与多样化的特征。这就要求我们公共服务体系建设要避免千篇一律的文化现象，应该坚持差异性与多样性的原则。关注不同区域的差异，注重不同城市之间的差异，注重城乡之间文化生活的不同，注重不同年龄群体之间文化需求的区别，积极打造具有共同价值追求、尊重差异性、体现多样性的公共文化体系，彰显文化特色，实现地域精神文化世界的拓展和特色文化空间的建构。满足人民群众对公共文化产品和服务的多样化、多层次需求。

要积极营造推动共同富裕的文化氛围。加强共同富裕的宣传引导和相关政策解读，确保人民群众对共同富裕的正确理解，切实为我国推动共同富裕营造良好的舆论氛围。加强对推动共同富裕的典型案例进行总结推广和宣传，树立一批推动共同富裕的感人故事、先进人物和典型案例，营造浓厚的精神文化氛围。大力宣传和表彰共同富裕先进模范，激发人民群众争当共同富裕先进模范的动力。积极推动创造新型文化业态、文化样式，让多样化的文化产品成为推动共同富裕的生动载体。要适应互联网的快速发展，把握网络传播规律，把推动共同富裕体现到网络宣传、网络文化中。广泛开展劳动创造幸福的主题宣传教育活动,引导人民群众通过勤劳的双手创造美好生活。激发和保护好企业家精神,鼓励创新创业,营造劳动光荣和精益求精的风气。

三、建设国家文化公园是推进共同富裕的重要载体

国家文化公园覆盖面广,是展现中华优秀传统文化、革命文化和社会主义先进文化的标志性文化工程,是真正把中华文明、社会主义共同理想和共产主义远大理想融入中国血脉的伟大工程。建设国家文化公园与共同富裕的理念相符合,更是推进共同富裕的重要举措,是展示共同富裕的重要成果。

(一)国家文化公园是覆盖面最广、受益面最大的公共文化产品

长城国家文化公园涉及北京、天津、河北、山西、内蒙古、辽宁、吉林、黑龙江、山东、河南、陕西、甘肃、青海、宁夏、新疆15个省区市。大运河国家文化公园涉及北京、天津、河北、江苏、浙江、安徽、山东、河南8个省市。长征国家文化公园涉及福建、江西、河南、湖北、湖南、广东、广西、重庆、四川、贵州、云南、陕西、甘肃、青海、宁夏15个省区市。黄河国家文化公园涉及青海、四川、甘肃、宁夏、内蒙古、陕西、山西、河南、山东9个省区。长江国家文化公园涉及上海、江苏、浙江、安徽、江西、湖北、湖南、重庆、四川、贵州、云南、西藏、青海13个省区市。这5个国家文化公园几乎覆盖了我国所有的省区市,中共中央办公厅、国务院办公厅印发《"十四五"文化发展规划》明确提出:"整合长城、大运河、长征、黄河、长江沿线等重要文化资源,强化文物和非遗真实完整保护传承,重点建设管控保护、主题展示、文旅融合、传统利用等主体功能区,系统推进保护传承、研究发掘、环境配套、文旅融合、数字再现等重点基础工程,实施公园化管理运营,形成具有特定开放空间的公共文化载体,集中打造中华文化重要标识。"毫无疑问,国家文化公园建成后,将是覆盖面最广、受益面最大、人人共享的公共文化载体。

(二)国家文化公园建设是推进区域协调发展的重要纽带

区域发展不平衡、城乡发展不平衡、区域经济互动发展不足是制约实现全

体人民共同富裕的因素。要实现区域协调发展，需要有一条能够促进区域经济互动的纽带。"从区域统筹协调的角度看，从点状开发到带状发展的转换是当前和未来较长一段时间我国文化保护传承利用与区域协调发展的主要表现特征，国家文化公园建设保护成为从文化保护传承利用到区域协调发展的生动体现"。[①]毫无疑问，国家文化公园建设和保护，实现跨区域国家文化公园建设保护的战略协同、文化协同和组织协同，必然对区域经济社会发展具有推动作用。国家文化公园区域协同发展的行为主体主要包括政府、市场、企业、游客。政府可以通过制定政策，引导跨地区文化资源的整合，推动文化创意技术升级，培育新型文化观，通过共同的文化实现区域联动。市场可以通过根据不同区域的文化产品和服务的供给情况与需求状况，加强要素整合，加快形成区域市场一体化，促进市场资源优化配置，实现区域协同发展。企业可以通过产品创新、服务创新参与国家文化公园的建设和保护，参与区域协同发展，同时借助政府和市场的力量，在国家文化公园建设中充当重要的角色。消费者和游客作为文化消费的源头，通过国家文化公园吸引消费者和游客，增强游客对国家文化公园的兴趣和认同，在游客选择获取国家文化公园相关的区域市场和产品服务中，促进文化产品消费，助力区域协调发展。

（三）国家文化公园是展示推进共同富裕的最重要成果

国家文化公园建设极其复杂，需要树立全国一盘棋的思想，统筹推进。在这一过程中，必然会把社会主义的价值和理念融入国家文化公园的建设中，集中展示社会主义的本质特征，其中必然包括共同富裕。国家文化公园建设是全国统筹，如果有些地方建设得好，有些地方中断或不重视，必然对国家文化公园建设产生影响，也背离共同富裕的理念。同时，国家文化公园建设是公园建设的升华，需要强大的物质基础作为支撑，是中国特色社会主义进入新时代才能完成和实现的重大工程，不仅是我国从富裕走向富强的重要表现，也是通过覆盖面广、受益面大的国家文化公园，把我国社会主义现代化建设成果转化成

---

① 刘敏、张晓莉：《国家文化公园：从文化保护传承利用到区域协调发展》，《开发研究》2022年第4期。

人人享有、提升人民生活品质的文化载体,是扎实推动共同富裕的重要举措和重要成果。

第四节 开创人类文明新形态的重要文化工程

人类文明存在多种形态。任何一种文明都是唯一的,这种独特性既是一种文明历史发展的必然,表现出它的本来状态,同时也体现为一种应然,即应当如此,这是事实与价值的统一,也是历史与逻辑的统一。对于中华文明来说,它的独特性体现为"多元一体、家国一体的形成发展过程"[1],这种一体化、统一性是其整体特征。"多元"展现了横向上的多样性,"家国"展现了纵向上的一致性,正是这种独特的纵横结构揭示了中国社会赖以生存发展的价值观,[2]形成既有凝聚力的大一统格局,又具有包容性、开放性的天下胸怀。国家文化公园是中华文明某一视域下的缩影,因而就要努力将这种典型性呈现出来。中华文明走上现代化发展道路以来,在中国共产党的领导下,以马克思主义为指导,与具体实际相结合,必然要表现出与其他文明不同的现代文明新形态,这是物质文明和精神文明相协调的现代化,是促进物的全面丰富和人的全面发展的现代化。习近平总书记指出:"现代化道路并没有固定模式,适合自己的才是最好的,不能削足适履。"[3]现代化的本质就是要用现代科学技术解放生产力,发展生产力,推动人类社会步入更高级的文明,让人们过上更为美好的生活。每个国家都有自己的国情,在现代化道路上也会表现出自己的特色。

---

[1] 习近平:《建设中国特色中国风格中国气派的考古学 更好认识源远流长博大精深的中华文明》,《求是》2020年第23期。
[2] 习近平:《建设中国特色中国风格中国气派的考古学 更好认识源远流长博大精深的中华文明》,《求是》2020年第23期。
[3] 《加强政党合作 共谋人民幸福——在中国共产党与世界政党领导人峰会上的主旨讲话》,《人民日报》2021年7月7日,第2版。

一、构建人类命运共同体，弘扬全人类共同价值

中华文明自古以来就胸怀天下，期望大同，愿意为人类文明进步贡献自己的力量。从整个人类文明史的发展来看，中华文明源远流长，始终保持自我且与时俱进，能够与其他文明平等相处、互利互惠。走上现代化道路的中华文明，持续弘扬中华文化，坚持与其他文明共同发展，求同存异，共享和平。习近平总书记指出，推动各国加强协调和合作，把本国人民利益同世界各国人民利益统一起来，朝着构建人类命运共同体的方向前行。[①]这就是现代化的中华文明的大格局、大胸怀，把自己的事情做好，与其他文明相互尊重、和平共处，为人类文明发展进步注入动力，对构建人类命运共同体做出贡献。

在经济全球化的影响下，在科学技术迅猛发展的后工业时代，既没有出现福山所说的"历史的终结"的迹象，也没有发展为各个国家平等互利、相互尊重的协同发展局面。世界面临百年未有之大变局，人类文明似乎遇到有史以来最大的挑战。以我们每天的显见事实为基础，每一颗善良的心都可以做出判断，人类应该携手前行，共同应对各种风险，共同开创美好生活。然而，善良的愿望必须依托于强大的物质基础和精神支撑，人类命运共同体理念需要建立在强大的物质力量的基础上才能实现。

阻碍人类文明进步的冲突挑战，以义引领利的思维显然更加充满智慧，更有构建人类命运共同体的现实可能性。人类多样性文明的发展，应当提倡的是田径赛，而不是角斗赛，搁置争议，在发展中解决问题才是上策。国际社会应该按照各国共同达成的规则和共识来治理，将各国人民的利益考虑在内，共同制定出切实可行的共赢规则，严格遵守既定的规则并开展友好的竞争，建立良好的国际政治经济新秩序，以利促义，以义导利。只讲义或只讲利的发展是不可持续的，难以长久，只有将二者结合起来，才有利于推动人类命运共同体的构建。

---

① 《加强政党合作 共谋人民幸福——在中国共产党与世界政党领导人峰会上的主旨讲话》，《人民日报》2021年7月7日，第2版。

第一章
建设国家文化公园的时代背景

明确而具体的价值观是文明的核心内涵,是一个文明区别于其他文明的独特标识。倡导全人类共同价值表现出中华文明的一个独特特征,明确地表达了中华文明"和而不同"的传统价值理念在现代化条件下的具体内涵。在"和"的层面,要秉持人类命运共同体理念,坚守和平、发展、公平、正义、民主、自由的全人类共同价值,最大程度增强合作机制、理念、政策的开放性和包容性;在"不同"的层面,各种文明各具特性,关键在于它是否符合本国国情,能否获得人民拥护和支持,能否带来政治稳定、社会进步、民生改善,能否为人类进步事业做出贡献。全人类共同价值的提出,既吸收了人类文明的优秀成果,又将其综合协调起来推陈出新,以"和平"为第一价值,真正地突出了人类文明的整体性、共同性,只有这样的价值理念才能发挥出具有世界意义的凝聚力、影响力,为不同的文明创建共同发展的世界舞台。

当今世界大势是正义必定战胜强权,和平、发展、合作、共赢已成为时代潮流。[1]习近平主席明确指出:"历史已经并将继续证明,睦邻友好必将超越以邻为壑,互利合作必将取代零和博弈,多边主义必将战胜单边主义。"[2]要解决当今世界的"冲突",就要培养能够欣赏所有文明之美的眼光,在这个意义上,审美的价值高于理性地进行经济利益的计算。在这方面,中华文明自古以来就有丰富的价值资源,以天人合一的宇宙论俯视芸芸众生,以悲天悯人的道德观体悟人生,以诗情画意的审美观涵泳世界,以圆融通达反对执着拘泥,以情感交流反对矛盾敌意,这些文化要素已深深地转化为中华文明的文化基因,代代传承。在中国共产党的领导下,中国人民在建设中国特色社会主义社会的新征程中取得了伟大的成果,中华文化在这个伟大征程中起到了巨大的推动作用,同时,中华文明也由传统形态提升到了现代化形态,一定能够为世界人民的大团结和人类文明的进步产生重要影响。

---

[1] 《习近平同捷克总统泽曼通电话》,《人民日报》2021年7月8日,第1版。
[2] 习近平:《弘扬"上海精神" 深化团结协作 构建更加紧密的命运共同体》,《人民日报》2020年11月11日,第2版。

二、深化人文交流互鉴，推动人类文明不断进步

道法自然。道是指人们做人做事应当遵循的规律，而规律的来源则是自然，就是要尊重事实，顺应事实中蕴含的规律。世界上存在着多种文明，彼此不同，这是自然形成的事实，正确的态度应当是尊重基本事实，加强不同文明之间的交流，相互学习，互通有无。"文明因多样而交流，因交流而互鉴，因互鉴而发展"[①]非常鲜明地指出了走向现代化的中华文明面对其他文明的态度，就是要实事求是，求同存异，通过交流学习别人的长处，使自己获得发展，并与别人共享文明成果。这是中华文明遵循自己的传统而得出的答案，也是符合马克思主义辩证唯物主义和历史唯物主义基本原理的要求。物质决定意识，存在决定思维，尊重矛盾的普遍性，抓住主要矛盾和矛盾的主要方面，在遵循事物的规律中发挥一切有利条件而发展自己，谋求合作共赢。

文明具有多样性，各种文明都是生活于其中的人民顺应社会发展的规律自己做出的选择，这种选择本身就是人民对自己幸福道路的自主决定，其他文明应当对此保持十分的尊重，这本身也是对自己的尊重。人们总会带着一定的思维定式来"先验地"观察世界，这也是事实。如果仅仅局限于用自己有限的经验和思维来处理问题，似乎一切都应当"符合"他的"预设"，这就又进一步强化了他对自己把握了"真相"的感觉，就如"智子疑邻"那则典故所反映的道理一样。然而，只有实践才是检验真理的唯一标准，对于其他的文明，只有通过交流才能真正地了解对方，一切道听途说在真相面前都是可以得到检验的。当今世界信息和物质交流非常畅通，但人文交流、情感交流却很少，以至于对"心"的认识实际上很缺乏，因而产生的隔阂、误解、分歧、冲突却得不到妥善的处理。"国之交在于民相亲，民相亲在于心相通。"[②]只有多来往，多沟通，只有人民之间的心相通了，国与国之间的交往才能建立在扎实的基础上。人类文明的现代化，关键在于人的现代化，现代化不是等同于物质化、机械化、信息化、技

---

① 《习近平谈治国理政》第三卷，外文出版社2020年版，第468页。
② 习近平：《论坚持推动构建人类命运共同体》，中央文献出版社2018年版，第108页。

术化,而是应该让人更加有尊严、有自信,让世界人民友好相处,共享人类文明积极成果。

三、建设国家文化公园,推动创造人类文明新形态

建设国家文化公园,弘扬中华文化,可以在新征程上促进生态文明建设,促进人类文明新形态的形成。

建设国家文化公园,彰显人与自然和谐共生的生态文明宇宙观。天人合一、万物一体,这是中华文明始终信守的观念。中华文明以人与自然和谐共生为本体追求,在理念与实践的统一中提升民众的道德境界。可以想象,国家文化公园的建成,可以为人们提供对人与自然永续发展的文明新形态的直观印象,在真切的亲身体验中使人对自然的敬畏感恩以及人对自然的重要意义认识得到升华,为在新的文明形态中发挥人的主体性产生积极的、深远的影响。

建设国家文化公园,传播绿色转型新理念助力全球可持续发展。人类的生存与发展总是需要一定的物质基础,而资本主义掠夺式的发展道路已被事实证明是不可持续的,只有开辟一条全新的发展之路才能解决当今人类面临的种种危机。建设国家文化公园,能够有效地传播绿色转型的新发展理念,甚至可以在具体的生态环境下为人们提供可直观的绿色转型"试验田",将新发展理念与实践结合在一起,启发人们结合自己所处的具体环境设计具体的发展方案。

建设国家文化公园,树立人民至上新形象促进社会公平正义。人类的文明新形态不只限于追求在经济方面的公平正义,更是要以人民的福祉为中心,以人民的需要为标准,全面地促进社会的公平正义。建设国家文化公园,充分发挥文化资源优势,展实物,树形象,追忆历史,描述现实,展望未来,能够将以人民为中心促进社会公平正义的理念彰显出来,以直观的形象深入到人们心里,从而点亮那盏公平正义明灯,指引、推动社会在正确的道路上前行。

建设国家文化公园,传播公平合理的国际治理体系理念。历史与现实以铁的事实证明,要让世界人民实现美好生活的梦想,就必须"恪守多边主义,追

求公平正义"。建设国家文化公园，就要高举多边主义旗帜，挖掘、彰显中华文化中关于和而不同、共享太平盛世的元素和符号，推动公平合理的国际治理体系理念的形成，以文化人，以化成天下，以维护和践行多边主义、推动构建人类命运共同体来解决当今错综复杂的世界问题。

第五节 开辟了我国文化建设和公园建设的新境界

随着我国开启全面建设社会主义现代化国家、向第二个百年奋斗目标进军的新征程，文化建设也从主要服务于经济建设和政治建设而提升为党领导全国人民进行全面建设的战略地位。[1]坚定不移推进新时代文化建设，就是"要坚持马克思主义在意识形态领域的指导地位，坚守中华文化立场，坚持以社会主义核心价值观引领文化建设，紧紧围绕举旗帜、聚民心、育新人、兴文化、展形象的使命任务，加强社会主义精神文明建设，繁荣发展文化事业和文化产业，不断提高国家文化软实力，增强中华文化影响力，发挥文化引领风尚、教育人民、服务社会、推动发展的作用"。[2]习近平总书记这段重要论述全面揭示了新时代我国文化建设的使命和任务。

建设社会主义文化强国，实现中华文化的伟大复兴，既是实现中华民族伟大复兴的必由之路，也是应对日趋激烈的综合国力竞争、制衡西方大国文化扩张的必然选择，对世界文化发展乃至人类和平与文明进步具有重要意义。[3]推进新时代文化建设也是凝聚和升华中华民族精神的过程，中华文化具有内在价值，能够引领中华民族自强不息，勇猛精进。中华文化当然也有其外在价值，能够服务于经济社会的需要和发展，推动社会主义现代化国家的全面建设，提升中华民族在世界上的影响力。文化建立在人的本质基础上，是人类社会在实

---

[1] 邹统钎、韩全、李颖：《国家文化公园：理论溯源、现实问题与制度探索》，《东南文化》2022年第1期，第8页。
[2] 《习近平主持召开教育文化卫生体育领域专家代表座谈会强调 全面推进教育文化卫生体育事业发展 不断增强人民群众获得感幸福感安全感》，《人民日报》2020年9月23日，第1版。
[3] 《建设社会主义文化强国 实现中华文化的伟大复兴》，《人民日报》2013年8月28日，第14版。

践中、在一定的生产方式推动下形成的。根据社会实践的历史运动，文化也在不断发展变化，这个过程是连续的，过去影响着未来，未来离不开过去，现在则成为历史统一体中的关节点。所以，推动中华文化的复兴和繁荣是中华民族的神圣使命，符合马克思主义唯物史观的基本原理，符合文化建设和发展的规律，也是在当今世界构建人类命运共同体的现实要求。从文化的角度来看，可以将整个社会、整个世界视为一个有机体，这个有机体囊括全部社会生活及其关系，即人类生活是以生产方式为基础的各种社会关系同时存在而又相互依存所构成的整体，这种视角也是从圣西门、达尔文、孔德、斯宾塞等人那里发展而来的。①正如有机体一样，社会和世界都有自己的营养系统、循环系统、调节系统，家庭、社会、民族、国家、世界等都在这个有机体中处于不同的地位，分别发挥着独特的作用，在这些相互作用中表现出了整体与部分的有机联系，形成了种种文化现象。

根据辩证唯物主义和历史唯物主义基本原理，推动新时代文化建设，要把物质文明建设与精神文明建设紧密结合起来。首先，要落实到作为文化载体的物质层面的建设上来。国家文化公园建设工程的启动，是在全国范围内进行整体规划、全面建设、突出重点、注重整体的文化建设大手笔、大创举，要呈现"国家文化"的"物化载体"或"物化形式"，增强"历史信度"，增强中华文化的影响力、话语权。②其次，物质层面的建设与精神层面的建设要紧密结合。在加强保护、研究各类文物和遗址等实物的基础上，要把其中蕴含的文化内涵及其基因谱系尽量充分地呈现出来，③国家文化公园就是要成为以价值传播为核心的传承展示体系，④具有国家象征，代表国家形象。再次，在文化内涵阐释方面加强形象而生动的描述和再创造。把文化载体中最具有代表性的、

---

① 王巍：《坚持以马克思主义指导中华文明探源研究》，《光明日报》2022年6月6日，第14版。
② 《笔谈：国家文化公园的概念定位、价值挖掘、传承展示及实现途径》，《中国文化遗产》2021年第5期，第15页。
③ 苗长虹：《文化遗产保护能够从自然保护中学到什么——以黄河国家文化公园建设为例》，《探索与争鸣》2022年第6期，第22页。
④ 《笔谈：国家文化公园的概念定位、价值挖掘、传承展示及实现途径》，《中国文化遗产》2021年第5期，第15页。

能够促进中华文化复兴的元素突出地表达出来,[①]展现典型环境中的典型形象,增强中华民族的历史记忆、国家记忆,推进中华民族"自我"意识和精神的塑造。

一、开创了先进文化积极引领的新方式

随着生产力的发展,在物质需求不断得到满足的现实条件下,人们的精神需求会越来越迫切,人们越来越需要先进文化的积极引领,不断丰富精神世界,不断增强精神力量。生活在一定文化传统中,人们在生产方式的推动下,除了不断得到传统文化的滋养外,也要在精神世界中不断探寻新的文化元素,这种审美的冲动不断推动人们走向新的文化领域。而这种探寻一方面必然受到既有文化传统的限定,另一方面也具有不少偶然的、自由发挥的空间。所以,为了满足人们的这种精神需求,一方面,要不断推动传统文化发展,这就要求以传统文化的发展和创新来提升人们的精神境界;另一方面,要建设社会主义先进文化来引领和满足人们的精神需求。

当今世界风云变幻,充满诸多变数。中华民族在此大变局中必须自强不息,行稳致远,首要的就是要在精神上站得住、站得稳,才能在历史洪流中屹立不倒、挺立潮头。中华文化为中华民族的精神提供了源源不断的滋养,只有继续从文化传统中获得力量,民族精神才能保持青春永驻。为此,必须精心呵护中华优秀传统文化,随着时代的发展不断为其注入新鲜的血液。在"自我"的茁壮成长中,更有自信和能力吸收世界的、现代化的养料,创造出新的、先进的文明。在新时代加强文化建设,就要引领时代风尚,为中华民族、为世界创造公共价值。哈佛大学教授马克·穆尔在《创造公共价值:公共部门的战略管理》一书中提出:公共管理者的主要任务就是寻求、确定和创造公共价值。[②]这个观点很有道理,接下来的问题是,创造什么?如何创造?创造公共价值,既

[①] 邹统钎、韩全、李颖:《国家文化公园:理论溯源、现实问题与制度探索》,《东南文化》2022年第1期,第11页。
[②] 祁述裕:《国家文化公园:效果如何符合初衷》,《探索与争鸣》2022年第6期,第7页。

第一章
建设国家文化公园的时代背景

不能不接地气,搞乌托邦,也不能故步自封,搞形而上学。行稳致远的"中庸"之道,就是要坚守中华文化,与时俱进,引领风尚。

国家文化公园建设作为国家推进新时代文化建设的大工程,能够有效地践行党的二十大报告提出的"提炼展示中华文明的精神标识和文化精髓",能够加强公共文化产品和价值供给,必然要起到引领新时代风尚的作用,增强中华民族共同体意识。进而言之,国家文化公园就是要承载国家精神,表达国家意志,用典型的文化符号来表现国家文化形象,展现"国之大者"。正如黑格尔所讲,有了绝对原则或绝对直观,还需要使本质实现或使形式展开,因为"形式就像本质自己那样对本质是非常本质的东西"[1],文化符号作为一种形式,只有实现它的表现、它的展开,才能使国家形象、民族精神呈现出来。有学者指出,目前未能对各个国家文化公园的思想内涵和精神特征做准确并能获得社会共识的概括,而导致各地出现了认识上的困惑和不统一。[2] 对文化的表述和概括只有能够获得社会共识,在此基础上才能从思想内涵和精神特征方面起到引领的作用。文化建设不是一人、一家的事,这是关涉社会、民族、国家层面的价值观的大事,必须得到大家的共识。马克思恩格斯指出:"意识一开始就是社会的产物,而且只要人们存在着,它就仍然是这种产物。"[3] 共识并不是靠输入能够产生的,而是要立足群众基础和现实条件,重视对"人"对社会的科学调研和综合分析,这要与对"物"的调研和建设紧密结合起来。正如《欧洲景观公约》揭示的文化意识产生的心理过程是,"景观的感知意义更胜于现实,尤其是通过观察而被理解、过滤,进而呈现于人们的观念世界,这是理解文化景观理念的关键"[4]。"人心"不是白板,它有"先见",对这些"先见"进行引导,为其正确地呈现出相关载体所具有的文化内涵,并以点带面,与整体环境和氛围融洽,成为一体,有助于社会共识的形成。正是由于这个理由,未来国家

---

[1] [德]黑格尔:《精神现象学》,贺麟、王玖兴译,商务印书馆1997年版,第12页。
[2] 祁述裕:《国家文化公园:效果如何符合初衷》,《探索与争鸣》2022年第6期,第7页。
[3] 《马克思恩格斯文集》第1卷,人民出版社2009年版,第533页。
[4] 梅耀林、姚秀利、刘小钊:《文化价值视角下的国家文化公园认知探析——基于大运河国家文化公园实践的思考》,《现代城市研究》2021年第7期,第9页。

文化公园将会突破线性文化遗产,纳入一切对中华文明和民族精神有重大价值的文化遗产,[①]体现为一定带状或带性结构,成为系统各要素构成的耦合性整体。[②]

二、开创了社会主义宣传教育的新境界

通过融合于生活与生产的全方位的教育,提高人民的文化水平,提升社会主义精神文明程度,这是全面进行社会主义文化建设的一个重要目标。教育重在实效,好的教育一定也是有效的、知行合一的教育。所以,要充分发挥中华文化的教育功能,就是要以其中突出的文化要素和典型特征增强人民心中的印迹,不断巩固这些深层的文化知识点,连点成线,形成整体的文化形象,达到言有尽而意无穷的审美意蕴,进而在精神层面产生深远的积极影响。通过春风化雨式的耳濡目染的教育,让广大人民群众深入地了解并掌握中华文化的精髓,将其充分地运用于实践当中,从而真正起到文化的引导作用。

从强化政治意识来看,发挥中华文化的教育功能,就是要实现社会主义核心价值观的入心入脑,以爱国主义精神和情怀感染人民、引导人民。实践是检验真理的唯一标准,新中国成立70多年来取得了举世瞩目的伟大成就,成为世界第二大经济体,这足以证明坚定地进行中国特色社会主义建设才是符合中国国情的唯一正确的道路。通过学好党史、新中国史、改革开放史、社会主义发展史,让中国人民深入理解中国共产党为什么"能"、马克思主义为什么"行"、中国特色社会主义为什么"好"等重大问题,进一步激发全体人民爱党、爱国、爱社会主义的巨大热情,这是发挥中华文化教育功能的最重要的目标。

从铸牢中华民族共同体意识来看,发挥中华文化的教育功能,能够强化中华民族的"身份意识"和"民族认同",是巩固维护国家统一的思想基础,是促

[①] 李飞:《论国家文化公园:逻辑、源流、意蕴》,《旅游学刊》2021年第1期,第22页。
[②] 柏贵喜:《系统论视域下国家文化公园建设:结构、功能、机制》,《中国非物质文化遗产》2022年第1期,第101页。

进民族团结的必要条件,是实现中华民族伟大复兴的必然要求。国家文化公园文化内涵极为丰富,且覆盖面广,影响对象甚众,开展国家文化公园建设是进行全民教育的极好途径,有助于让社会主义核心价值观内化为人们的精神追求、外化为人们的自觉行动。最为重要的是,把蕴含在物质层面的具有教育价值的文化元素充分地呈现出来,让它们与人们心中对中华文化的认识、记忆、期待和社会共识产生共鸣,由此将这些价值视为知和行的标准,将它们内化为自己的素养和前行的精神力量,进一步对未来产生积极的影响。

从提升文化素养和道德意识来看,发挥中华文化的教育功能,重要的是要增加人们对中华文化的感知、认识、了解,培养人们对中华文化的认同、热爱、坚守,激发人们形成善良的道德意愿、道德情感,培育正确的道德判断和道德责任,提高道德实践能力。在具体的文化养成实践中,除了了解各种相关的历史知识外,更重要的是培养对文化的情感、体悟。建设国家文化公园,就是要保护好文化生命,传承好文化底蕴,维护好文化"活的灵魂"。对于一个城市、一个地区来说,生命力的标志不是它的"新",而在于它的"文化传统",只要其文化传统依然呈现在人们的面前,古老的记忆随时可以被唤醒,那么,就可以说这个地方还"活着",否则,它就变成另一个陌生的"他者"了。正因为一个地方的文化传统还活着,就自然引起人们的尊重和爱护。人们对于生命现象自然就可能产生神圣感、爱护心,这对自己的生命力来说也是一种增强。

从丰富生命体验和陶冶审美意识来看,发挥中华文化的教育功能,能够让人们超越"自我",直观"他者",扩展经验,提升境界。这也是旅游受欢迎的原因,就其过程来看,在旅游中,人们从陌生的美景、生命现象等审美活动中获得愉悦、高贵、神圣等新的价值体验,从而提升自己的生命感悟,增强自己的生命力,提升精神境界。一般来说,旅游本身是一种文化活动,这种特殊的审美行为能够满足旅行者体验新价值的期待和需要,旅游能够帮助旅行者在时间上从现在进入历史,超越现在与过去、自我与他者的二元对立状态,在直接的价值体验中进入天人合一的整体感受,这种美妙的过程使旅行者的生命体验得到扩展,使其精神境界得到陶冶和提升。习近平总书记指出,要避免"千城一面、万楼一貌"①，这也就是强调，每一种具有生命力的地方文化，都是与他者有本质区别的，正是这种个性，体现了它的"活的灵魂"，地格理论强调的主要就是这一点，即一个地方必然具有自己独特的地格因子（placeality）②，旅行者期待的正是这种从未体验过的具有独特个性的文化对象，一旦失去了这种独特性而被他者同化后，那么，一个地方的文化也就被阻断了它的命脉，沦为被异化的他者了。所以，进行国家文化公园建设，就是要保护好每一个地方文化的传统，彰显它的独特个性，保持文化的在地性和活化传承，③使它的文化生命展现出勃勃生机，让当地居民和旅行者得到文化交流的体验，丰富和提升精神境界。同时，未来国家文化公园将会整合同质化的资源，通过具有共识性的标识系统将大尺度空间的形象统一起来，形成国家文化公园整体IP。④

三、开创了公共文化服务的新水平

马克思指出，人的本质在其现实性上是一切社会关系的总和，⑤社会是人同自然界的完成了的本质的统一。⑥这就是说，不能从抽象的角度去看待人和人性，而是要在实践中把个人、社会、自然界联系起来。社会是由一个一个的个体依据共同的文化构成的共同体，它以核心价值观凝聚人心，以公序良俗引导人们的行为，以法律作为规范的底线，因而形成稳定的秩序，为人们的可持续发展提供了物质与精神保证。简而言之，个人的生存与发展离不开社会，而社会的构成要建立在共同的文化基础上。没有共同的文化就形不成社会，充其量只能称其为由个人临时地、偶然地组成的一个"人群"而已。

文化对社会的运行、对民族的发展、对文明的进步具有不可或缺的重要意

---

① 《习近平在扎实推进长三角一体化发展座谈会上强调　紧扣一体化和高质量抓好重点工作　推动长三角一体化发展不断取得成效》，《人民日报》2020年8月23日，第1版。
② 邹统钎、韩全、常东芳：《基于地格理论的大运河国家文化公园旅游品牌基因研究》，《扬州大学学报（人文社会科学版）》2022年第2期，第103页。
③ 梅耀林、姚秀利、刘小钊：《文化价值视角下的国家文化公园认知探析——基于大运河国家文化公园实践的思考》，《现代城市研究》2021年第7期，第11页。
④ 李飞：《论国家文化公园：逻辑、源流、意蕴》，《旅游学刊》2021年第1期，第22页。
⑤ 《马克思主义文集》第1卷，人民出版社2009年版，第501页。
⑥ 《马克思主义文集》第1卷，人民出版社2009年版，第187页。

义。博大精深的中华文化，为中华民族克服困难、生生不息提供了强大精神支撑。所以，在现代社会，无论现实条件如何发展变化，我们必须坚守中华文化立场，繁荣文化事业和文化产业，满足人民精神文化需求，保障人民文化权益实现的基本途径。

为了着力提升公共文化服务水平，让人民享有更加充实、更为丰富、更高质量的精神文化生活，党中央提出了建设国家文化公园的重大举措，为推动稳定和谐、积极向上的现代社会的发展提供了新的有力途径。通过对国家文化公园建设和运营阶段、全流程、动态性的价值评估，包括核心遗产价值评估、公园整体价值评估、品牌价值评估等，推动"中华文化重要标识"品牌价值的创建与实现。为此，有学者认为，我国未来的国家文化公园将会通过制定科学、公平、严格的遴选标准和认定程序，建立监督机制，提高服务和管理水平。从近期目标来看，建设国家文化公园有利于坚持以文塑旅、以旅彰文，推动文化和旅游融合发展，让人们在领略自然之美中感悟文化之美、陶冶心灵之美，发挥中华文化在服务经济社会发展中的重要作用，更好服务于人民群众的高品质生活需求。从长远目标来看，建设国家文化公园有助于引导人民树立正确的历史观、民族观、国家观、文化观，实现中华民族伟大复兴、永续发展的奋斗目标。

四、开创了推动文化事业繁荣发展的新举措

习近平总书记指出："要顺应数字产业化和产业数字化发展趋势，加快发展新型文化业态，改造提升传统文化业态，提高质量效益和核心竞争力。"[①] 这段重要论述一语中的，指出了新时代文化建设的关键环节。国家文化公园建设作为一个重要抓手，具有各种本体价值和衍生价值，注重整体性与代表性建设，将以往空间中的生产转变为空间生产，推进文化和旅游深度融合发展，承载了新时代符合新的生产力发展方向的文化建设使命，也为文化建设的创新、

---

① 中共中央文献研究室编：《论把握新发展阶段、贯彻新发展理念、构建新发展格局》，中央文献出版社2021年版，第403页。

提高我国国际竞争新优势提供了一条重要途径。文化既是社会发展的主要内容，同时也是推动社会发展的重要动力。在现代生产力的推动下，世界科学技术迅猛发展，经济贸易全球化，直接影响了各国文化的变化和发展，这是经济基础决定上层建筑在文化领域的明显表现；而文化的变化和发展，反过来以顺应生产力发展为方向，推动并引导着社会的发展，这是上层建筑对经济基础的反作用在文化领域的典型表现。

有什么样的文化条件，就会有什么样的判断和选择，这条原理，既适用于个体，同样也适用于由无数个体构成的社会、民族、国家和世界。

国家文化公园建设是中国特色社会主义先进文化建设的一个非常重要的新阵地、新战场。进行这样一个巨大的建设工程，当然会遇到各种各样的困难和挑战，不仅需要直接相关部门愚公移山般的斗志、决心和毅力，而且要发动人民群众，发挥出他们的恢宏气势和磅礴力量。中国的革命实践揭示了只有团结人民群众、依靠人民群众才能取得胜利这一条真理，因此，这就要求坚持以人民为中心，繁荣发展文化事业和文化产业，要让广大人民群众参与到国家文化公园的建设中来，发挥他们的首创精神，发挥他们的智慧，同时也可以让国家文化公园的文化元素和内涵在人民群众心中彰显出来，呈现其形象，明确其意义，实现其价值。有学者指出，在国家文化公园建设中要避免一些历史问题再现，比如片面地追求政绩、名称泛滥、过度商业化、无序竞争与资源浪费等等，[①]而要避免诸如此类的问题，除了要完善和加强国家文化公园决策、管理、监督机制之外，发展全过程人民民主，发挥人民群众在建设国家文化公园中的积极性、创造力，也是一条有效的途径。

---

① 李飞：《论国家文化公园：逻辑、源流、意蕴》，《旅游学刊》2021年第1期，第22页。

第二章
CHAPTER 2

国家文化公园的
理论基础

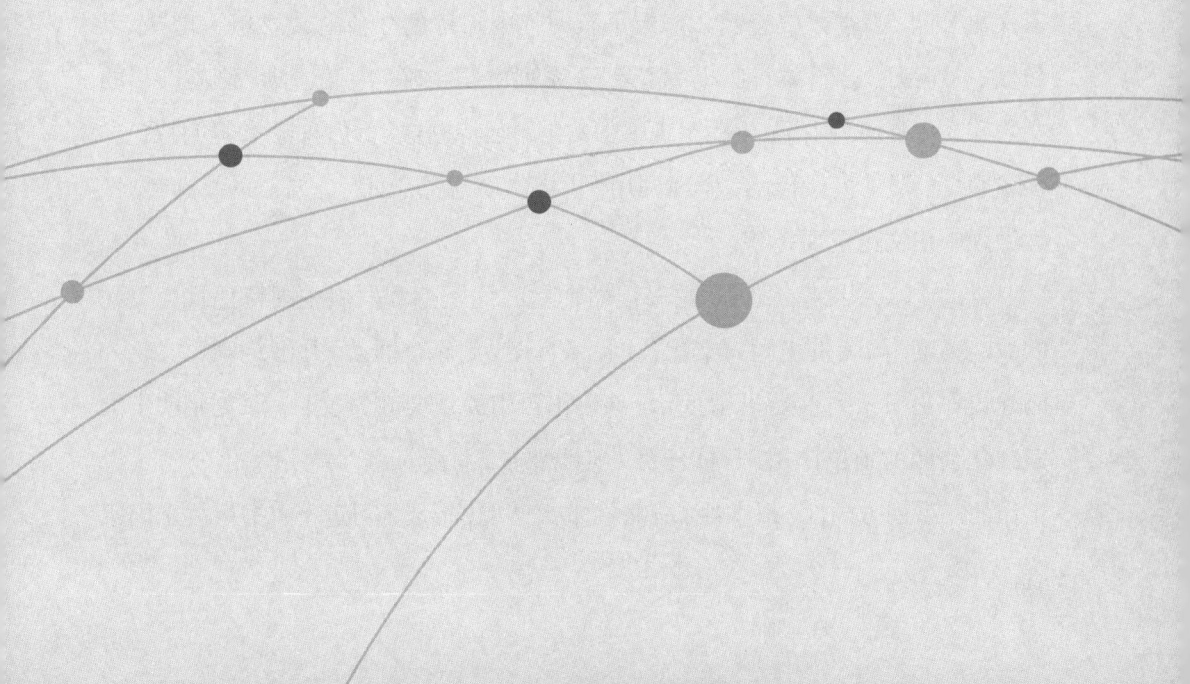

国家文化公园的概念和建设事业属于中国创举,建设国家文化公园,是习近平新时代中国特色社会主义思想在文化领域的重要体现和战略落脚点,其理论基础来源于国家公园理论及文化遗产相关理论,又与中国文化遗产管理体系和实践条件相结合,具有鲜明的中国特色和时代特征。其核心思想突出地表现在遗产保护与利用的完整性上,突出综合、可持续和实践特征,成为文化保护、传承与利用的创新体系。

第一节　国家文化公园的理论来源

建设国家文化公园,是深入贯彻落实习近平总书记关于发掘好、利用好丰富文物和文化资源,让文物说话、让历史说话、让文化说话,推动中华优秀传统文化创造性转化和创新性发展、传承革命文化、发展先进文化等一系列重要指示精神的重要举措,是《国民经济和社会发展第十三个五年规划纲要》《国家"十三五"时期文化发展改革规划纲要》确定的国家重大文化工程。建设国家文化公园,必须始终坚持以习近平新时代中国特色社会主义思想为指导,以长城、大运河、长征、黄河、长江沿线一系列主题明确、内涵清晰、影响突出的文物和文化资源为主干,生动呈现中华文化的独特创造、价值理念和鲜明特色,促进科学保护、世代传承、合理利用,积极拓展思路、创新方法、完善机制,做大做强中华文化重要标识。

党的十八大以来,习近平总书记站在新时代坚持和发展中国特色社会主义的战略高度,高度重视国家文化公园,亲自谋划、亲自推动,并围绕国家文化公园建设作出一系列重要指示批示,部署出台相关重要政策文件,深刻阐明了国家文化公园的地位作用、目标任务、实践要求,科学回答了国家文化公园建设工作的一系列方向性、根本性、战略性重大问题,形成了习近平总书记关于国家文化公园建设的重要论述，为正确认识国家文化公园在中国特色社会主义文化建设中的作用及建设国家文化公园指明了目标方向，提供了根本遵循。

一、坚定文化自信

文化是一个国家、一个民族的灵魂。文化兴国运兴，文化强民族强。道路自信、理论自信、制度自信，其本质都是建立在5000多年文明传承基础上的文化自信。中国特色社会主义文化源自中华民族5000多年文明历史所孕育的中华优秀传统文化，熔铸于党领导人民在革命、建设、改革中创造的革命文化和社会主义先进文化，植根于中国特色社会主义伟大实践。

中华优秀传统文化，积淀着中华民族最深沉的精神追求，代表着中华民族独特的精神标识，潜移默化地影响着人们的思想方式和行为方式，为中华民族生生不息、发展壮大提供了丰厚滋养，也为马克思主义在中国生根、开花、结果提供了肥沃土壤。这是我们坚定文化自信的深厚基础。要深入了解中华文明5000多年发展史，推动全党全社会增强历史自觉、坚定文化自信。习近平总书记指出："没有中华优秀传统文化、革命文化、社会主义先进文化的底蕴和滋养，信仰信念就难以深沉而执着。"[1]要增强文化自信，在传承中华优秀传统文化基础上发展社会主义先进文化，加快建设社会主义文化强国。坚持在我国大地上形成和发展起来的道德文化价值，保持我们国家和民族自己的精神独立性，增强做中国人的自信、自豪、底气。"如果没有自己的精神独立性，那政治、思想、文化、制度等方面的独立性就会被釜底抽薪"。[2]

二、打造中华文化标识

博大精深的中华文明是中华民族独特的精神标识，也是建设国家文化公园的宝藏和根基。建设国家文化公园，就是要保护传承中华优秀传统文化和红色

---

[1]《习近平谈文化自信》，求是网，http://www.qstheory.cn/zhuanqu/bkjx/2019-06/14/c_1124624754.htm，2019-06-14。
[2] 中共中央文献研究室编：《习近平关于社会主义文化建设论述摘编》，中央文献出版社2017年版，第139页。

文化，打造中华民族标识，生动呈现中华民族精神。

2016年7月1日，习近平总书记在庆祝中国共产党成立九十五周年大会上的讲话中指出，在5000多年文明发展中孕育的中华优秀传统文化，在党和人民伟大斗争中孕育的革命文化和社会主义先进文化，积淀着中华民族最深层的精神追求，代表着中华民族独特的精神标识。

习近平新时代中国特色社会主义思想深深植根于中华文化沃土，充分吸收中华优秀传统文化中讲仁爱、重民本、守诚信、崇正义、尚和合、求大同等精华，深刻汲取博大精深的中华优秀传统文化所蕴含的丰富哲学思想、人文精神、教化思想、道德理念，自觉传承革命文化和社会主义先进文化所展现的我们党的梦想和追求、情怀和担当、牺牲和奉献，把马克思主义的思想精髓与中华优秀传统文化的精神特质融会贯通起来，既推动中华优秀传统文化的创造性转化和创新性发展，赋予中华优秀传统文化新的时代内涵，又使马克思主义具备中国特色、中国风格、中国气派，使马克思主义在中国大地呈现新的勃勃生机。

国家文化公园的灵魂是文化，代表着中华民族精神标识。打造中华民族精神标识，有助于认识中国是什么样的文明和什么样的国家，有助于认识中国人的宇宙观、天下观、社会观、道德观，有助于展现中华文明的悠久历史和人文底蕴。

长城展现了中华民族厚德载物、自强不息的民族精神，凝聚了中华民族众志成城、坚韧不屈的爱国精神，锻造了中华民族不畏牺牲、百折不挠的坚韧品格，构建了中华民族文化自信、守望和平的精神家园，已经成为中华民族的代表性符号和中华文明的重要象征。2019年8月20日上午，习近平总书记登上嘉峪关关城，察看雄关布局，领略山川形胜。习近平总书记指出："当今世界，人们提起中国，就会想起万里长城；提起中华文明，也会想起万里长城。长城、长江、黄河等都是中华民族的重要象征，是中华民族精神的重要标志。我们一定要重视历史文化保护传承，保护好中华民族精神的根脉生生不息。"[①] 习近平总书记

[①] 《习近平的文化足迹 | 嘉峪关长城：守护中华民族精神根脉生生不息》，新华网，http://www.news.cn/politics/leaders/2023-07/09/c_1129740489.htm，2023-07-09。

强调:"要做好长城文化价值的发掘和文物遗产传承保护工作,弘扬民族精神,为实现中华民族伟大复兴的中国梦凝聚起蓬勃力量。"①

大运河是祖先留给我们的宝贵遗产,是流动的文化。大运河开凿,始于公元前486年的春秋时期,经历2500年由国家主导进行的建造、使用和维护。公元7世纪(隋代),大运河第一次全线贯通。公元13世纪(元代),因政治中心的迁移转而形成南北向的京杭大运河。习近平总书记要求,要把大运河文化遗产保护同生态环境保护提升、沿线名城名镇保护修复、文化旅游融合发展、运河航运转型提升统一起来,为大运河沿线区域经济社会发展、人民生活改善创造有利条件。

以长征精神为代表的红色文化是中华文化独特鲜明的标识。伟大长征是中华民族的不朽史诗。长征在中国革命史上具有崇高地位,展现了中华民族百折不挠、自强不息的精神,反映了红色革命文化的强大感召力。2016年10月21日,习近平总书记在纪念红军长征胜利80周年大会上的讲话对长征精神进行了阐释。伟大长征精神,就是把全国人民和中华民族的根本利益看得高于一切,坚定革命的理想和信念,坚信正义事业必然胜利的精神;就是为了救国救民,不怕任何艰难险阻,不惜付出一切牺牲的精神;就是坚持独立自主、实事求是,一切从实际出发的精神;就是顾全大局、严守纪律、紧密团结的精神;就是紧紧依靠人民群众,同人民群众生死相依、患难与共、艰苦奋斗的精神。伟大长征精神作为中国共产党人红色基因和精神谱系的重要组成部分,已经深深融入中华民族的血脉和灵魂,成为社会主义核心价值观的丰富滋养,成为鼓舞和激励中国人民不断攻坚克难,从胜利走向胜利的强大精神动力。以长征精神为代表的激昂向上的革命文化和生机勃勃的社会主义先进文化,是中华优秀传统文化的凝聚升华,是中国共产党人和中国人民伟大创造精神的生动体现,是激励全党全国各族人民奋勇前进的强大精神力量,这是我们坚定文化自信的坚强基石。

---

① 《习近平的文化足迹|嘉峪关长城:守护中华民族精神根脉生生不息》,新华网,http://www.news.cn/politics/leaders/2023-07/09/c_1129740489.htm,2023-07-09。

黄河文化，是中华民族的根和魂。九曲黄河，奔腾向前，以百折不挠的磅礴气势塑造了中华民族自强不息的民族品格，是中华民族坚定文化自信的重要根基。千百年来，奔腾不息的黄河同长江一起，哺育着中华民族，孕育了中华文明。早在上古时期，炎黄二帝的传说就产生于此。在我国5000多年文明史上，黄河流域有3000多年是全国政治、经济、文化中心，孕育了河湟文化、河洛文化、关中文化、齐鲁文化等。习近平总书记指出，要深入挖掘黄河文化蕴含的时代价值，讲好"黄河故事"，延续历史文脉，坚定文化自信，为实现中华民族伟大复兴的中国梦凝聚精神力量。

长江是我国第一大河流，与黄河一起并称为中华民族的母亲河。长江在中华文明的起源发展中发挥了极为重要的作用，是中华文明多元一体格局的标志性象征，丰富了中华文明的文化多样性，"江河互济"构建了中华民族共有的精神家园。长江造就了从巴山蜀水到江南水乡的千年文脉，是中华民族的代表性符号和中华文明的标志性象征。

三、满足人民美好生活需要

国家文化公园是满足人民美好精神生活的重要空间。2020年9月28日，习近平总书记主持十九届中央政治局第二十三次集体学习时指出，要把历史文化遗产保护放在第一位，同时要合理利用，使其在提供公共文化服务、满足人民精神文化生活需求方面充分发挥作用。

习近平总书记要求，要把大运河文化遗产保护同生态环境保护提升、沿线名城名镇保护修复、文化旅游融合发展、运河航运转型提升统一起来，为大运河沿线区域经济社会发展、人民生活改善创造有利条件。

在保护好革命文物、弘扬好革命文化的同时，习近平总书记也一直牵挂着革命老区的发展和老区人民的生活。他指出，老区人民为党和人民事业做出了重大牺牲和贡献，我们要把老区建设好、把英烈后代照顾好，让他们过上更加幸福的生活。

习近平总书记关于国家文化公园建设的重要论述，意蕴深刻、内容丰富，系统完备、科学辩证，是在中国特色社会主义文化建设伟大实践中产生的科学理论，具有强大的思想力量、深刻的指导作用、磅礴的实践伟力。深刻领会和切实践行习近平总书记关于国家文化公园建设的重要论述，要求我们必须立足新时代中国特色社会主义的新方位，把握国家文化公园建设的使命、目标、要求，在国家文化公园建设中全面体现、全面落实，形成新的生动实践。

第二节 国家公园理论与实践的借鉴

一、国家公园的概念与内涵

"国家公园"这一概念或者说思想最早可追溯到1810年的英国。当时它被称为"national property"而非"national park"。1832年，美国艺术家乔治·卡特林（George Catlin）倡议美国政府制定保护政策建设一个"伟大的公园"（magnificent park），一个"国家的公园"。美国人的公园思想受益于欧洲的城市公园理念，在学习、继承与发展欧洲的相关理念后，率先提出了建立"国家公园"的新概念。1872年美国联邦政府以国会立法形式创立了世界上第一个国家公园——黄石国家公园。

国家公园概念目前在全球范围内尚未有统一的定义，目前业界对美国国家公园以及世界自然保护联盟（IUCN）保护地体系中对国家公园的界定认可度相对较高。美国国家公园是指"面积较大的自然地区，自然资源丰富，有些也包括历史遗迹，禁止狩猎、采矿和其他资源耗费型活动"。经过百余年发展，其内涵和外延不断丰富，逐渐形成国家公园体系。"国家公园体系"是指由美国内政部国家公园管理局（NPS）管理的陆地或水域，包括国家公园、纪念地、历史地段、景观大道、休闲地等。[1]世界自然保护联盟（IUCN）是由联合国教科文组织发起的政府间国际组织，其在1962年提出的对世界自然保护地进行的国际性

---

[1] National Park Service. Management Policies 2006. Washington D.C.: U.S. Department of the Interior, 2006: 4-8.

的命名和分类指南中在划分不同类型自然保护地的同时沿用了"国家公园"这一概念，并在总结不同国家对国家公园建设的经验基础上提出国家公园的定义，这一定义已成为国家公园内涵的重要依据和国际标准。根据2013年世界自然保护联盟的指南，国家公园是指"大面积的自然或接近自然的区域，设立的目的是保护大规模（大尺度）的生态过程，以及相关的物种和生态系统特性。这些保护区提供了环境和文化兼容的精神享受、科研、教育、娱乐和参观机会的基础"。世界自然保护联盟指出国家公园具有生态保护性、国家性、综合目的性、全民公益性。与一般的自然保护地相比，国家公园范围更大、生态系统更完整、原真性更强、管理层级更高、保护更严格，突出对原真性和完整性的保护，是构建自然保护地体系的"四梁八柱"，在自然保护地体系中占主体地位。

二、国家公园的主要管理思想

国家公园不仅承担着自然生态环境保护的基本功能，而且发挥着自然保护思想培育、科学研究、环境教育、自然游憩等多种作用，是世界上使用最广泛的保护地模式。国家公园之所以能够生机勃勃经久不衰，是因为其发展理念体现出人与自然和谐共处的可持续发展思想。国家公园的管理思想主要划分为生态优先思想、国家象征思想和全民公益思想三个部分。

生态优先的管理理念要求更加谨慎、科学地处理好保护与利用的关系。以保护为核心的管理理念将直接影响国家公园的旅游资源利用方式、旅游者游览方式等。"生态保护第一"是生态文明建设的核心宗旨，也是建立国家公园体制的宗旨。国家公园的首要功能是保护，要杜绝一切与保护目标不一致的开发利用方式和行为，更不能借国家公园之名进行开发区、旅游区建设。在国家公园内，有限的旅游设施必须严格服从生态保护的各项要求，对游客实施严格的限定游览范围与方式的生态旅游模式。

国家公园作为国家所有、全民共享、世代传承的重点生态资源，是"国家性"和"公众性"的高度结合，是国家生态安全的重要屏障，是国家形象的名片。除生态保护作用外，国家公园还应为公众提供游憩、观赏和教育的场所，让全体公民享受国家公园的福利，使民众能够感受自然之美，接受环境教育，培养爱国情怀，进而促进社区发展。确保"全民福利"，确保"全民教育"，确保公众积极参与。坚持生态保护第一、国家代表性、全民公益性是国家公园管理的基本理念。

三、中国国家公园的发展实践

在我国，国家公园逐步成为我国国土管理和生态文明建设的重要工作。2013年11月《中共中央关于全面深化改革若干重大问题的决定》中明确提出"严格按照主体功能区定位推动发展，建立国家公园体制"。2014年8月，国务院发布《国务院关于促进旅游业改革发展的若干意见》，文件中提到要"稳步推进建立国家公园管理体制，实现对国家自然和文化遗产地更有效的保护和利用"。2015年1月，国家发展和改革委员会联合中央编办等12个部门联合发布《建立国家公园体制试点方案》。

中共中央办公厅、国务院办公厅于2017年、2019年先后印发《建立国家公园体制总体方案》《关于建立以国家公园为主体的自然保护地体系的指导意见》文件，以此指导国家公园建设工作开展，保护自然生态和自然文化遗产的原真性、完整性，严格保护重要生态系统，长效保护珍稀野生动植物及其栖息地，为子孙后代留下宝贵的自然资源。这一系列举措，足以显示国家对于自然文化遗产保护的重视。国家将生态文明建设与国家公园体制建设相联系，也体现了国家为了建设美丽中国和实现中华民族伟大复兴的坚定信念。

2021年10月，我国正式设立三江源、大熊猫、东北虎豹、海南热带雨林、武夷山首批5个国家公园，目前建设工作已取得长足进步且稳步推进，但从长远来看，我国国家公园建设工作仍处于起步阶段。根据2022年6月国家林业和草原局印发的《国家公园管理暂行办法》，我国将"国家公园"这一概念定义为"由国家批准设立并主导管理，以保护具有国家代表性的自然生态系统为主要目的，实现自然资源科学保护和合理利用的特定陆域或者海域"。

第三节　文化遗产保护与管理理论的支撑

一、核心概念与内涵

（一）文化遗产

国家文化公园是开创世界文化遗产管理体制先河的重大创新。国家公园和重大文化遗产概念在国际上已存在100多年，国家文化公园概念则是中国首创。

文化遗产的相关研究兴起于20世纪70年代左右，随着1972年联合国教科文组织在《保护世界自然和文化遗产公约》中正式提出文化遗产的概念，文化遗产研究成了关注热点，国内外也逐渐开始重视世界文化遗产的保护与管理。近年来，国外关于世界文化遗产保护与管理研究主要集中于遗产地保护、游客管理、遗产地居民管理、遗产旅游的影响等方面，欧美等发达国家已经形成了完善可行的文化遗产管理制度。我国由于文化遗产资源丰富，面临的问题较为复杂，文化遗产保护与可持续发展对策仍需进一步探讨。因此，有必要结合我国实际情况，参考国外文化遗产管理的成熟经验，建立起相对完善的文化遗产管理制度，从而实现我国文化遗产的有效保护与利用。

在英文中，"遗产"一词源于拉丁词"patrimo-nium"，意为"祖先传下来的家产"。到了近代法国，遗产的内涵从指代一个小共同体（家族、贵族和教会）的财产扩大到指代一个大共同体（一个民族、一个国家）的财产。文化遗产则是联合国教科文组织于1972年在《保护世界自然和文化遗产公约》中正式提出的，是指由后代继承、保留至今并为子孙后代造福的群体或社会的人工制品和无形财产的遗产。Vecco曾指出文化遗产是人类活动和历史足迹的"活化石"，社会发展的重要标志。[1]自国内开展文物保护工作起，我国文化遗产的内涵从

---

[1] Vecco M., "A definition of cultural heritage: From the tangible to the intangible", *Journal of Cultural Heritage*, 2010, 11(3): 321—324.

最初"文物"形式的物质文化遗存,逐渐扩展到物质文化遗产和非物质文化遗产的融合。①

从存在形态来看,文化遗产可分为物质文化遗产(有形文化遗产)和非物质文化遗产(无形文化遗产)。其中,根据《保护世界文化和自然遗产公约》,物质文化遗产包括:①古迹:从历史、艺术或科学角度来看,具有突出的普遍价值的建筑物、碑雕和碑画、具有考古性质的成分或构造物、铭文、窟洞以及景观的联合体;②建筑群:从历史、艺术或科学角度来看,在建筑式样、分布均匀或与环境景色结合方面具有突出的普遍价值的单立或连接的建筑群;③遗址:从历史、审美、人种学或人类学角度来看,具有突出的普遍价值的人类工程或自然与人的联合工程以及有考古地址的区域。而非物质文化遗产,是指被各社区、群体或个人,视为其文化遗产的各种实践、展现、表达、知识和技能,以及与之相关的工具、实物、手工制品和文化空间;各社区、各群体为适应他们所处的环境,为应对他们与自然和历史的互动,不断使这种代代相传的非物质文化遗产得到创新,同时也为他们自己提供了一种认同感和历史感,由此促进了文化的多样性和人类的创造力。

文化遗产作为人类共有的财富,是多种功能价值的集合体。一方面,文化遗产的内涵决定其具有丰富的历史文化价值、科学研究价值以及教育价值;②同时,文化遗产资源作为遗产地或遗产持有民族历史文化传统或变迁的见证,具有审美、历史、文化、教育等价值;③而就资源本身来讲,文化遗产承载着存在价值、传承价值和开发价值;就主要利益相关者而言,文化遗产则包含传承人价值、居民价值、政府价值、旅游者价值。④我们要做的就是充分保护文化遗产资源的价值,使之传承于后代,同时保证对文化遗产资源的合理利用,使

---

① 李丰庆、刘成:《中国文化遗产管理发展与管理模式构建研究》,《西北大学学报(哲学社会科学版)》,2021年第4期,第136—144页。
② 王文章:《非物质文化遗产概论》,文化艺术出版社2006年版。
③ 肖刚、肖海、石惠春:《非物质文化遗产的旅游价值与开发》,《江西财经大学学报》2008年第2期,第107—111页。
④ 梁圣蓉、阚耀平:《非物质文化遗产的旅游价值评估模型》,《南通大学学报(社会科学版)》2011年第6期,第96—102页。

其价值得以体现、功能得以发挥。由此,需要关注文化遗产的保护和利用,包括应遵循怎样的原则与要求、过程中应采取怎样的措施手段,以及文化遗产保护管理过程经历了怎样的发展历程等相关问题。

(二)大型文化遗产

由于文化间的交流与社会往来,诸多文化遗产在空间分布上逐渐呈现出极具规模的带状、区状、线状等特征,并在地区文化历史中具有重要地位与突出价值,最终形成了大型文化遗产。大型文化遗产多以廊道或线性遗产的形式存在,目前提出的概念主要包括遗产廊道、文化线路以及线性文化遗产等。大型文化遗产的相关概念(文化线路、遗产廊道、文化廊道、历史路径、线状遗迹等)都强调空间、时间和文化因素,强调线状各个遗产节点共同构成的文化功能和价值以及至今对人类社会、经济可持续发展产生的影响,这对此类文化遗产的保护产生了积极的影响。

综观历史,从单体文物到城镇景观再到跨文化区域,世界文化遗产的保护与利用范围逐渐扩大。其中,欧洲对文化线路的研究重视对文化的挖掘与保护,美国遗产廊道研究则强调景观和游憩功能,而线性文化遗产则源于欧洲的文化线路,兴起于美国的遗产廊道,文化线路和遗产廊道又是其主要形式,具有极高的生态、文化及旅游价值。大型文化遗产具有跨区域、跨文化、跨古今的独特性质,是沿线民族和国家的宝贵财富,保护和发展线性文化遗产是文化传承、经济振兴、身份认同、生态恢复、景观优化、社区和谐的有效途径。[1]国家文化公园作为融合了精神价值与物质形态价值的重要大型文化遗产,有效建设国家文化公园,对宝贵的中国文化遗产进行科学高效的保护和传承,充分发挥国家文化公园文化遗产的价值与功能,在弘扬中华民族传统文化和培育民族精神方面具有深远的历史意义和重要的现实意义。[2]

---

[1] 王吉美、李飞:《国内外线性遗产文献综述》,《东南文化》2016年第1期,第31—38页。
[2] 黄静、黄慧琳:《红军长征文化遗产保护与传承的数字化平台构建研究》,《新媒体研究》2021年第7期,第19—21页。

二、文化遗产核心管理理论

（一）文化遗产管理的关键原则

原真性、完整性与多样性作为遗产管理的关键原则，同时是文化遗产管理工作中需首要遵循的原则。其中，原真性与完整性对于文化遗产的管理与保护具有重要意义。

1. 原真性

原真性是衡量文化遗产的表现形式和文化意义的内在统一程度。[1]作为文化遗产保护与修复、规划等的重要原则之一，对于文化遗产的管理首先要充分理解遗产的原真性内涵。原真性应立足于各自文化的文脉关系之中加以理解，尊重与强调文化多样性与文化遗产多样性。此外，根据文化遗产承载的客观空间实体和使用者的生活形态等，文化遗产的原真性还需要同时考量物质与非物质两方面的内容。[2]

2. 完整性

完整性原则是线性遗产管理的关键原则，文化遗产的完整性包括功能完整性、结构完整性和视觉完整性。完整性原则不仅承认不同文化的多样性，还强调将过去与现在联系起来的"连续性"。完整性关注遗产管理范围和整体价值保护，包括资源完整性（即保护遗产本体和物质结构的完整、与所在环境的协调连续、当代城市发展与历史环境复兴的平衡、遗产原有社会功能的完整），以及文化完整性（即将具有同一历史基因、民族精神的文化遗产相互关联，对其历史文脉进行完整性保护）。

（二）文化遗产管理思想发展

1. 国外文化遗产管理演变

对于文化遗产的管理，国外主要经历了由以文物保护修复为重点到实现文物的活化利用的管理思路转变，并逐渐向价值引导的规划管理转变。其中，

---

[1] 阮仪三、林林：《文化遗产保护的原真性原则》，《同济大学学报（社会科学版）》2003年第2期。
[2] 颜政纲：《历史风貌欠完整传统村镇的原真性存续研究》，华南理工大学学位论文，2016年。

价值引导的规划管理（values-led approach to planning）前提是认识其价值、属性、真实性、完整性，同时需要明确其地方价值与属性。20世纪70年代以前，文化遗产研究的重点主要集中于如何进行完整的修复和重现；而现代遗产管理则强调保护的原真性、最小干预、可辨识等原则。对于非物质文化遗产的管理，国外研究侧重对非物质文化遗产旅游语境下的文化涵化、身份认同、社区参与、权力关系、动力机制、立法保护等问题的探讨，研究内容主要集中在非物质文化遗产旅游的真实性与商品化、政治性质、旅游影响、立法保护、动力机制等方面。

2. 国内文化遗产管理演变

我国文化遗产研究起步较晚，通过梳理国内文化遗产管理相关研究，中国文化遗产保护经历了从"修旧如旧"到历史价值保护、从文物保护到文化遗产保护的过程，文化遗产管理对象从物质文化遗产延展到非物质文化遗产，遗产外延从历史古迹转变为文化意义，管理准则从真实性拓展到完整性与多样性，保护模式从抢救性技术核心拓展到预防性综合管理，技术准则从单一普适趋向于多元具体。

综合来看，国际文化遗产保护理念主要经历了从历史性纪念物的修复保护到城市景观和遗址及其环境保护的过程，从建筑遗产的保护到历史地区、历史园林、历史城镇及其环境保护的过程，从考古遗产的保护到乡土建筑遗产、产业遗产和无形文化遗产保护的过程，从强调文化遗产保护到注重文化遗产价值的过程（表2-1）。

表2-1　国际文化遗产保护理念演变进程梳理

年份	国家地区	提出者/文件	遗产保护理念
1844	法国	V. L. Duc	整体修复或风格修复
1877	英国	W. Morris	维持性修复，日常维护
1931	希腊	《雅典宪章》	尽最大可能保留完整历史信息、选择性保留与整体搬迁
1954	荷兰海牙	《武装冲突情况下保护文化遗产公约》	文化遗产避免战争损害的超时空、超阶级、超民族、超国家保护

续表

年份	国家地区	提出者/文件	遗产保护理念
1964	意大利威尼斯	《国际古迹保护与修复宪章》	古迹保护与修复的原真性和整体性原则，鼓励新技术应用，但需确保缺失部分的修补必须与整体保持和谐，同时必须区别于原作，确保修复不歪曲艺术或历史见证，即"可识别原则"
1972	法国巴黎	UNESCO，《保护世界文化和自然遗产公约》	将保护遗产上升到国家责任
1975	荷兰阿姆斯特丹	《阿姆斯特丹宣言》	强调了整体性保护的具体原则：保护既是地方机构的责任，也要唤起市民的参与；任何保护政策的成功都有赖于对社会因素的合理考虑；保护需要立法和行政手段的协调；保护需要适当的财政手段；保护需要改进修缮、复原的方法、技术和工艺
1981	意大利	ICOMOS，《佛罗伦萨宪章》	保护历史园林
1994	泰国吉普	《关于原真性的奈良文件》	文化遗产原真性的观念及其应用扎根于各自文化的文脉关系之中，应充分重视文化与遗产的原真性与多样性
2003	法国巴黎	UNESCO，《保护无形文化遗产公约》	抢救非物质文化遗产，促进其可持续发展
2005	中国西安	国际古迹遗址理事会，《关于历史建筑、古遗址和历史地区周边环境保护的西安宣言》	充分应对由于生活方式、农业、发展、旅游或大规模天灾人祸所造成的城市、景观和遗产线路的骤变或渐变，充分认识、保护和延续遗产建筑、遗址和地区在其环境中的存在意义，以减少这些变化进程对文化遗产的真实性、意义、价值、完整性和多样性所构成的威胁
2007	中国北京	《北京文件》	对东方木结构建筑的保护与修缮等一系列问题提出了操作准则
2008	加拿大魁北克	国际古迹遗址理事会，《魁北克宣言》	捍卫有形遗产和无形遗产，以保存场所精神
2011	法国巴黎	国际古迹遗址理事会，《魁北克宣言》	遗产是发展的动力
2014	意大利佛罗伦萨	国际古迹遗址理事会	人文价值的遗产和景观分为旅游与阐释、文化栖息地、传统知识、赋权社区、保护工具5个副主题，进一步强调文化遗产的价值

（三）大型文化遗产管理模式

遗产区域理念和文化遗产廊道理念作为大尺度文化景观保护的一种较新

的方法，将在特定时间、空间、文化上具有关联度的遗产单体整合为一项综合性遗产，强调通过对地方历史文化、自然和游憩资源的综合保护与利用，引入保护与发展两类团体的参与机制，同时兼顾自然、历史、文化、教育以及经济效益等诸多因素，搭建起一个多层次、立体化、完整的区域遗产保护框架，实现遗产保护、经济发展、重建区域身份、提供游憩机会等多重目标。在这种理念下，文化遗产的管理通过以立法为核心，以公众参与为主要特点，并建立相应的法律制度、行政管理制度、资金保障制度这三项基本内容，以及相应的监督制度、公众参与制度的文化遗产保护制度，形成中央及地方两级管理体系。

目前，各个国家均有许多鲜活的关于大型文化遗产的管理模式的创新实践。如美国国家公园体系、法国"文化例外"原则、意大利"遗产领养"制度等。我国文化遗产与非物质文化遗产资源丰富、数量庞大，要想对我国文化遗产资源进行有效的保护和传承，须寻求有效的文化遗产管理路径，如何通过高效的管理促进文化遗产的可持续发展将成为未来文化遗产发展的重要课题。因此，文化线路、遗产廊道以及线性文化遗产理论也势必能够为国家文化公园建设提供一些思路和方法。

（四）文化遗产的保护

遗产保护起源于欧洲，20世纪的两次世界大战后，随着"遗产"概念的扩展以及世界建筑和艺术品等文物遭受浩劫，国际组织开始着眼于从世界范围，通过国际合作来保护和拯救"人类的共同遗产"，并由此产生了"世界遗产"观念。自1790年法国国民议会设立遗产保护机构、列出遗产清单算起，国外遗产保护已历经200多年的历史。欧洲在文化遗产地保护，美国、澳大利亚等地在自然与文化遗产国家公园的立法、管理，日本、韩国等国在非物质文化遗产立法与保护等方面，都具有较为成熟的保护理念与经验。

1. 文化遗产的原真性保护

文化遗产的利用与管理应注重保护地域文化，发扬文化内涵。对于文化遗产的保护首先要遵循原真性原则。1998年，联合国教科文组织（UNESCO）引入文化空间用于非物质文化遗产管理，强调保护客观本体和精神内涵的生命力。

世界遗产与可持续旅游项目（WHASTP）提出通过对话与利益相关者合作，实现旅游发展与遗产管理在目的地层面的整合，文化遗产价值得到尊重与保护，旅游得到适度开发。目前有关文化遗产原真性的经验做法，主要包括立法保护和数字保存两种方式。①立法保护：日本和韩国制定《文化财保护法》，法国实行艺术大师制度，澳大利亚制定土著非遗权利立法，保护文化遗产蕴含的地域文化。②数字保存：通过借用技术手段，实现对文化遗产的数字保存，如法国社区的非遗清单编制体系、苏格兰Wiki数字清单编制平台、韩国网络非遗百科全书、日本动作捕捉和3D扫描重建等技术应用。

2. 文化遗产的完整性保护

近年来，大型文化遗产的理念和保护研究也逐渐成为国际文化遗产保护研究关注的热点，因此，遗产的完整性保护同样具有重要地位。其中，遗产廊道作为一种跨区域综合性遗产保护利用理论方法，汇集了多种功能和优点，为遗产保护和开发利用提供了一种新的理念和视角。美国在保护线性遗产区域时采用了一种范围较大的保护措施——遗产廊道，通过指定选择标准、遗产保护的法律保障和管理体系以及遗产廊道保护规划，来实现遗产保护。

与国外尤其是欧美等发达国家相比，我国的文化遗产保护研究起步较晚。目前已有研究主要集中在国外文化遗产保护经验的借鉴研究、城市发展与文化遗产保护的研究、文化遗产的保护和利用问题的研究、旅游与文化遗产保护的研究、文化遗产经营管理的研究、文化遗产保护利用中先进技术的研究、文化遗产的价值功能及保护原则的基础性内容研究等7个方面。从实践来看，我国文化遗产事业经历了由以文物保护为主向保护加合理利用的"开放式保护"的转变。①在保护与发展之间，研究逐步探索兼顾自然、历史、文化、教育以及经济效益的模式。②

---

① 单霁翔：《大型线性文化遗产保护初论：突破与压力》，《南方文物》2006年第3期，第2—5页。
② 朱强、李伟：《遗产区域：一种大尺度文化景观保护的新方法》，《中国人口·资源与环境》2007年第1期，第50—55页。

（五）文化遗产的可持续利用

1. 文化遗产的利用机制

文化作为民族凝聚力和创造力的重要源泉，是国家核心竞争力的重要因素。[①]文化遗产的功能在于延续人类文明、教育、文化的交流与传播。国内遗产资源管理有"四权分离"（王兴斌，2002）、"三权分离"（杨振之等，2002）、"两权分离"及"特许经营"（张朝枝，2017）、"产权分割"（高燕等，2019）之争。徐嵩龄（2003）主张保护优先、公益导向与文化价值经营。[②]市场机制的引入和多元治理主体的出现会导致管理目标扭曲、过度开发和利用等。政府管理能够保障遗产保护，层级制集权式管理与政府强制性行政行为是摆脱冲突困境的唯一选择。法国则坚持"文化例外"原则，强调政府干预文化市场，坚持文化多样性以保护民族文化。

2. 旅游利用与遗产保护的协调

旅游活化呈现与利用是人类对遗产保护并持续利用的重要方式，而目前遗产保护和旅游发展往往存在超载开发、人工化、商业化与城市化等诸多矛盾与冲突。因此，对于遗产的旅游利用，须注重与遗产保护工作的协调统一，通过适度发展文化旅游、特色生态产业，推进文旅融合工程，对优质文化旅游资源实施一体化开发。

3. 文化遗产可持续利用的社区参与制度

公众参与是遗产价值传播的条件。1987年《华盛顿宪章》中提出要重视社区参与，《巴拉宪章》提出应提供给人们参与一个地方阐释的机会。社区参与遗产利用一方面有助于社区经济发展、提高整体素质，另一方面可以实现遗产与社区的可持续、有效益、成果共享的发展。

4. 文化遗产可持续利用的技术与方法

数字化应用是现代遗产利用的趋势。其中，承载力、最低安全标准、游憩

---

① 范周、杨矞：《改革开放四十年中国文化产业发展历程与成就》，《山东大学学报（哲学社会科学版）》2018年第4期。

② 徐嵩龄：《中国文化与自然遗产的管理体制改革》，《管理世界》2003年第6期。

机会频谱、可接受改变的限度、生态足迹分析与生态标识等方法为遗产旅游可持续发展提供了技术保障。目前，关于文化遗产利用所采用的技术与方法是通过建立由遗址、古村落保护、民俗生活体验、数字虚拟再现、4D影像体验、数字博物馆等打造文化遗产的动态保护圈。

三、国外文化遗产类国家公园管理的研究与实践

（一）管理体制

目前来说，美国国家公园管理的研究和实践最为成熟，但这些成就是基于美国以自然遗产居多的国情形成的。与美国国情不同，中国、日本及一些欧洲国家拥有悠久的历史，其文化遗产分布广泛且数量较多。基于此，下文将从遗产保护体制、资金保障体制、空间规划与功能分区、跨区域合作与协调四个方面对国外文化遗产类国家公园，即以大型文化遗产形式存在的国家公园的管理经验进行概括梳理。

遗产资源是特殊的公共资源，其管理过程易陷入"公共悲剧"与集体行动逻辑困境。国外的常见模式有中央垂直管理、属地管理与综合管理：①以美国为代表的中央统一垂直管理的国家公园体系。②以英国、日本为代表的多位一体属地管理为主的中央及地方两级管理体系。英国将国家环境保护部和地方规划部门分别作为中央和地方的历史文化遗产保护机构。日本采取双平行体系，即由文化厅和城市规划部门两个相对独立、平行的行政体系分管。③以法国、德国等为代表的社区综合管理模式。法国将整个遗产社区作为保护空间，由公共权力机构和当地居民共同设想、共同修建、共同经营管理。

中央统一管理的遗产管理模式，最具有代表性的是美国的国家公园制度。其优点在于拥有统一的保护与利用规划，通过中央的统筹管理，更好地平衡保护与开发利用的关系。单一的系统内明确上、下级的行政关系，权责分明，监督有效，避免多头管理，能够保证国家遗产各项法令、政策、方针和措施的有效落实。缺点在于全部采取中央统一管理需要耗费大量的人力与财力。同时，中央的统一管理可能造成遗产地市场竞争力的下降。此外，中央统一管理的遗产

管理模式需要公众拥有良好的遗产保护意识，能够广泛地参与到遗产地的保护与经营之中，同时，更需要完善的法律法规体系、完善的机构设置，否则容易形成责权空置的状况。

法国的文化遗产管理采用的是综合管理的模式，兼具中央集权和地方自治两种管理模式，同时营利性和非营利性社会力量也普遍参与。法国的文化遗产管理具有明显的中央集权特征，通过中央和地区两级进行。国家层面，由国家咨询机构"遗产和建筑国家委员会"保障；地区层面，由文化部下属"地区建筑和遗产管理处"垂直管理。[1]其优点在于地方与中央采取相同或相似的机构设置，既能够有力实行中央的决策，又能在各自属地内根据实地情况开展遗产保护；既有中央的主导，又具备地方的自主；既保证遗产管理的统筹规划，又不至于让中央有过大的财政负担。缺点在于在两级管理的背景下，中央与地方之间权力的权重难以掌握平衡。因为各地方的管理水平参差不齐，而且各地方的经济发展差异巨大，部分地区过分注重经济导向，对遗产过度开发经营，部分地区因为财政吃紧，而对遗产保护力有不逮。

社区综合管理模式是一种地方上高度自治的遗产管理模式。以德国为例，德国的联邦政府与各州政府之间有着明确的分工。德国国家公园建立在州有土地之上，由各州政府管理。而联邦政府制定国家公园划建条件和流程、质量指标和管理标准等。[2]国家公园管理机构分为三级，一级机构为州立环境部，二级机构为地区国家公园管理办事处，三级机构为县（市）国家公园管理办公室。它们都属于政府机构，分别隶属于各州（县、市）议会。[3]其优点在于高度的地方自治性遗产管理更加有利于保护当地遗产的原真性与完整性，既能够在遗产管理方面充分发挥地方自主性与灵活性，又能在遗产经营方面更加的因地制宜，与所在地域的文化与自然相结合。各地的自然遗产与文化遗产都由当

---

[1] 万婷婷：《法国乡村文化遗产保护体系研究及其启示》，《东南文化》2019年第4期。
[2] 陈君帜、唐小平：《中国国家公园保护制度体系构建研究》，《北京林业大学学报（社会科学版）》2020年第1期。
[3] 林辰松、刘志成、葛韵宇、关海莉：《中国国家公园管理体系建立的分析与研究》，《建筑与文化》2015年第7期。

地社区主导,当地社区既是继承者,又是管理者,这种管理模式能够充分激发民间力量。其缺点在于在社区自治的体制下,虽然民众的参与度较高,但也有着相当大的风险。没有国家统一的规划与保护,地方的遗产很容易陷入盲目开发或者过度商业性开发的局面,因而不仅要求地方政府需具备强有力的文化遗产管理能力,还要求整个国家具备自上而下的良好的监督体系。因为地方政府作为当地经济发展的主导者和文化遗产的保护者双重身份、没有科学的指导,如果把握不好尺度,容易造成对文化遗产的破坏。

(二)资金保障

国家和地方政府的财政拨款是文化遗产保护资金的主要来源,发挥非政府组织、民间团体、企业及个人等社会力量,实现资金投入多元化是趋势。具体有以下方式:①依靠税收制度改革和经济激励机制带动私人业主及企业投资;②设立非营利性半官方或民间基金组织,如英国国家文物纪念基金会、德国历史遗产保护基金会、日本艺术文化振兴基金会、澳大利亚布什遗产基金会等;③发行文化遗产彩票、设立历史遗产保护的公益信托机构等。

此外,意大利的建筑遗产认养制度也是国家资金保障制度的创新实践之一。作为罗马帝国主要疆域的继承者、地中海商业文明的聚集地、文艺复兴的发源地,意大利在世界历史中具有重要地位。历经千百年的风雨侵蚀,意大利多数建筑遗产都存在着一定程度的损坏,仅靠政府财政拨款和遗产景点的门票收入,无法支撑其庞大的修护开支。

1994年,意大利开始推行建筑遗产认养制度,在推动社会力量参与建筑遗产保护方面取得了显著成就。建筑遗产认养制度是政府在保留建筑遗产的所有权、监督权和保护权的基础上,允许和鼓励社会力量运用市场化的方式,以认领、认租、认购、公私合作等多种方式参与建筑遗产保护利用的行为。该制度要求认养时限根据建筑遗产的价值确定,一般等级越低,认养时限越长,最长不超过99年。在认养期内,作为建筑遗产的固定监护人,认养人负责其日常管护并提供稳固的资金支持,可以进行内部适度改造和更新,在不改变建筑外部历史风貌的前提下,建设旅游咨询中心、书店、纪念品售卖点、咖啡厅和餐厅等,利用建筑遗产获得收益,但部分收益需要上交给国家。2002年,意大利政府设立"文化遗产和可持续旅游交易所"——这一官方的文化遗产保护信息交流平台,管理和协调着公众参与文化遗产保护机制,吸引了世界各地知名企业纷纷投资意大利建筑遗产保护领域,建筑遗产修复经费不足的状况得以大大缓解。此外,对于赞助修复的企业,通常会在修复现场的挡板上留下广告空间,用来印企业标识。

灵活的筹资方式,辅之较为完备的法律体系、明确的权利与义务、强力的执法体系和良好的公众文化遗产保护意识,意大利建筑遗产在得到保护的同时,也在企业管理下经历着良性商业开发,不仅有效地传播了意大利历史文化,而且推动了意大利文化产业发展,中央垂直管理文化遗产的主导权和社会公信力也得到了大大彰显。

(三)空间管理

联合国教科文组织"人与生物圈计划"倡导国家公园的核心区、缓冲区和实验区的功能分区。综观国内外国家公园及自然保护地的分区管理模式,主要以资源的有效保护和适度利用为目标进行功能分区,但分区模式根据各保护地的定位、发展方向及需求的不同而有所不同。

1. 意大利分区模式

意大利国家公园依据保护等级由高至低划分为A、B、C、D四类区域。A区是严格自然保护区,主要作用是保护区域内的自然环境,除科学研究外不允许人类活动。B区是生态保育区,范围内禁止新建、扩建或改建,但通常允许建设必要的基础设施,允许国家公园管理局实施自然资源管理干预措施,例如:病虫害防治、入侵物种管理等。C区是保护区,在生态保育的前提下允许进行低影响性活动。D区是发展区,范围内以建成区为主,允许进行可持续发展,并制订有相应的市政发展计划。

2. 美国分区模式

美国是世界上最早建立自然保护区的国家。目前,已经建立起以国家野生生物避难所体系、国家公园体系、国家森林体系、荒野地保存体系和国家海洋保护区计划为核心,以土地利用等管理为辅助的保护区体系。美国按照开发强度和野生动物保护角度,将国家公园一般分为原始自然保护区、特殊自然保护区(文化遗址保护区)、自然环境区和特别利用区,经过了一分法、二分法和四分法,如今美国则采用ORRRC模式进行分区,将国家公园分为历史文化遗址、原始区、特殊自然区、自然环境区、一般户外游憩区和高密度游憩区等。

3. 加拿大分区模式

加拿大国家公园功能划分为五部分,其主要分为公园服务区、公园游憩区、自然环境区、荒野区和特别保护区。其划分依据是公民的游憩利用和生态保护的需要。为了既能有效保护公园自然资源又能提高公众参与度,加拿大对国家公园允许开展的游憩活动类型做出了限制。严格保护区不允许公众进入;重要保护区允许对资源保护有利的少量分散的体验性活动;限制性利用区允许低密度的游憩活动;利用区是户外游憩体验的集中区,允许机动交通的进入。

4. 法国分区模式

法国国家公园主要分为保护与发展两类功能分区,但各区域的管理目标随时间发生了转变。最初法国国家公园划分为中心区域与周边区域:中心区域旨在生态保护,在其范围内限制或禁止人类活动;周边区域旨在促进经济、社会和文化发展,在其范围内管理较为宽松。法国国家公园在2006年改革中以核心区替代了中心区域,同时规定一个国家公园可以拥有若干个核心区,其管理目标是保护自然、文化和景观遗产。

(四)综合协调

西方国家构建遗产廊道、历史街区等开展区域化遗产保护与利用,采取专门委员会管理和地方政府多部门协同管理方式,根据地理条件和属地环境由国家、地方和非营利组织一起保护文化遗产与人文氛围。

遗产廊道是指"拥有特殊文化资源集合的线性景观,通常带有明显的经济中心、蓬勃发展的旅游、老建筑的适应性再利用、娱乐及环境改善"。从遗产分布形式来说,遗产廊道是一种线性化的遗产区域,将文化意义置于首位,相对于过去遗产的局部保护不同，遗产廊道保护采取区域的观点，同时又是集合自然、经济、历史、文化等多目标的综合体系。美国引入"遗产廊道"等理念构建大型跨区域文化公园区域合作与协调机制，实现有统有分、有主有次，分级管理、地方为主，最大限度调动各方积极性，实现共建共赢。

1984年，由美国议会指定的伊利诺伊和密歇根运河国家遗产廊道，是美国也是全世界第一条国家遗产廊道，它不仅科学地保护了当地的文化遗产，而且带动了周边相关产业的发展，真正做到了文化保护与资源发展相结合。其保护策略与管理经验在于：建立了专项的立法保护，从《伊利诺伊和密歇根运河国家遗产廊道法》到《面向未来的路线》，结合美国国家公园体系的统筹与协调，建立以核心部门为纽带的广泛合作，实现共同管理。

四、中国遗产管理体系现状

中国遗产包括自然遗产与文化遗产。自然遗产涉及环境保护、观光旅游、科学研究等领域，而文化遗产则涉及文物保护、古建筑保护、文化传播、历史记忆、精神传承与文化教育等多重方面。既需要完善保护文化遗产，又需要合理开发，让文化遗产"活"起来，发挥其内在的宣传教育作用。目前我国在遗产管理工作中存在以下问题：

第一，两级管理体系下，地方政府对遗产地的处置权过大。我国的遗产管理类似于中央与地方两级管理的模式。基于我国文化遗产与自然遗产的数量之庞大，中央难以将全部遗产划归中央统一管理，而且中央统一管理需要大量的经费支出，在我国地方财政分权的大背景下也难以实行，因而使各地景区实际的处置权与经营权把握在了地方政府手中。不论是政府经营、政商合作、整体租赁还是委托代理，因为地方政府的权力过大，而又缺乏科学的决策流程与有效的监管机制，导致寻租牟利的问题难以避免，进而对遗产地本身造成巨大破坏。

第二，景区多头管理，责权不清，管理混乱。由于对自然遗产与文化遗产过多的期许，对其管理与经营过多的目标，导致一处遗产通常需要多家部门共同管理，而由于相关法律法规的不完善，当下的遗产管理，包括景区管理呈现出"九龙治水"的复杂局面，一方面是责权不清，另一方面又是相互争利，对于交通区位优秀、盈利能力超强的景区，各家争相抢夺，而对于表现平平、相对冷淡的景区，则是无人问津，甚至在处理相关的问题时，找不到明确对应的责任主体，如此也为景区的过度开发甚至胡乱作为创造了条件。

第三，遗产地自身属性复杂，加剧了多重管理的问题。中国的遗产体系包含自然保护区体系、风景名胜区体系和国家森林公园体系等，从以旅游景区为代表的文化遗产地来说，其中涉及住建、文物、环境、林业、水利、农业农村部门等多方干预，而以九寨沟为例，自身兼风景名胜区、国家自然保护区和国家森林公园三重身份，在进行管理时，各部门有效通力合作的能力有待提高。

第四，遗产地管理体制问题积重难返，需要全新的体制尝试。当下的遗产地大多数仍旧掌握在地方政府手中，而且其许多遗产地成为地方经济发展的重要支点。同时，基于我国现行的政治制度，"条块分割"的管理局面难以改善。当然，部门系统的"条"状垂直管理与地方区划的"块"状分割对于经济的总体发展起到了相当大的积极作用，只是在自然遗产与文化遗产的管理当中出现了不适。一方面，中国的遗产地自身被赋予的目标过多；另一方面，中国的遗产地自身作为一个主体，其保护与管理确实涉及多个方面。因而，在当前状况下，中国亟须采用一种全新的制度体系，将遗产管理单独成立一套独立系统，而国家文化公园的建立，正是探索全新管理体制的一次重新尝试。

第四节 国家文化公园的核心要义

一、国家文化公园建设是国家重大战略部署

建设国家文化公园，是以习近平同志为核心的党中央的重大决策部署，是国家推进实施的重大文化工程，是推动新时代文化繁荣发展的重大工程。

2017年1月，中共中央办公厅、国务院办公厅印发的《关于实施中华优秀传

统文化传承发展工程的意见》中提出规划建设一批国家文化公园，使其成为中华文化重要标识。2019年7月24日，中央全面深化改革委员会会议审议通过《长城、大运河、长征国家文化公园建设方案》，方案强调建设长城、大运河、长征国家文化公园，对坚定文化自信、彰显中华优秀传统文化的持久影响力、革命文化的强大感召力具有重要意义。2019年12月，中共中央办公厅、国务院办公厅印发《长城、大运河、长征国家文化公园建设方案》。2020年10月，党的十九届五中全会通过《中共中央关于制定国民经济和社会发展第十四个五年规划和二〇三五年远景目标的建议》，提出建设长城、大运河、长征、黄河等国家文化公园。2021年8月，为深入学习贯彻习近平总书记关于国家文化公园建设的重要指示精神，加快推进国家文化公园建设，完善各省份建设保护规划，国家文化公园建设工作领导小组印发《长城国家文化公园建设保护规划》《大运河国家文化公园建设保护规划》《长征国家文化公园建设保护规划》。2022年1月，长江国家文化公园建设正式启动，国家文化公园的数量从4个增加到5个。

《长城、大运河、长征国家文化公园建设方案》提出："国家文化公园是国家推进实施的重大文化工程，通过整合具有突出意义、重要影响、重大主题的文物和文化资源，实施公园化管理运营，实现保护传承利用、文化教育、公共服务、旅游观光、休闲娱乐、科学研究功能，形成具有特定开放空间的公共文化载体，集中打造中华文化重要标识，以进一步坚定文化自信，充分彰显中华优秀传统文化持久影响力、社会主义先进文化强大生命力。"国家文化公园是国家推进实施的重大文化工程，是习近平新时代中国特色社会主义思想在文化领域的重要体现和落实点。国家文化公园的建设，目标是打造中华文化重要标识，坚定我国文化自信，彰显中华优秀传统文化持久影响力和社会主义先进文化强大生命力，为我国新时代文物和文化资源保护传承利用探索新路，为世界文化遗产保护与利用提供中国智慧和中国方案。

二、国家文化公园将成为中华文化重要标识

国家文化公园立足国家与民族发展战略高度,是代表国家形象、彰显中华文明高度、凝聚国家与中华民族认同的重大标识。无论是长城、大运河、长征,抑或是黄河、长江,都是中华民族独一无二的、承载着最深层次文化记忆的符号。

长城凝聚了中华民族自强不息的奋斗精神和众志成城、坚韧不屈的爱国情怀,已经成为中华民族的代表性符号和中华文明的重要象征。习近平总书记要求,要做好长城文化价值发掘和文物遗产传承保护工作,弘扬民族精神,为实现中华民族伟大复兴的中国梦凝聚起磅礴力量。

大运河是中国古代劳动人民开辟的一项伟大的水利工程,是流动的文化。历经2500余年的建造、使用和维护,见证了由北向南的政治经济中心迁移,作为曾经南北的交通大动脉,发挥着"半天下之财赋,悉由此路而进"的巨大作用。习近平总书记要求,要把大运河文化遗产保护同生态环境保护提升、沿线名城名镇保护修复、文化旅游融合发展、运河航运转型提升统一起来,为大运河沿线区域经济社会发展、人民生活改善创造有利条件。

伟大长征是中华民族的不朽史诗,英雄的红军击退百万穷凶极恶的追兵阻敌,征服空气稀薄的冰山雪岭,穿越渺无人烟的沼泽草地,纵横十余省,长驱二万五千里。习近平总书记曾说,长征的胜利,靠的是红军将士压倒一切敌人而不被任何敌人所压倒、征服一切困难而不被任何困难所征服的英雄气概和革命精神。

黄河是中华民族的母亲河,又以百折不挠的磅礴气势塑造了中华民族自强不息的民族品格,是中华民族坚定文化自信的重要根基。黄河文化,是中华民族的根和魂。千百年来,奔腾不息的黄河同长江一起,哺育着中华民族,孕育了中华文明。在我国5000余年文明史上,黄河流域有3000余年是全国的政治、经济、文化中心,孕育了河洛文化、关中文化、齐鲁文化等。习近平总书记指出,要深入挖掘黄河文化蕴含的时代价值,讲好"黄河故事",延续历史文脉,坚定文

化自信，为实现中华民族伟大复兴的中国梦凝聚精神力量。

万里长江作为中国最大的河流，与黄河一道孕育了中华民族与中华文明。长江流域也是中国最重要的国土发展空间之一，人口众多、城镇密集、经济发展潜力巨大。长江流域的文化遗产与现代文明交相辉映，承载着中国新时代发展的重大使命。

三、国家文化公园将推动新时代国家文化建设

国家文化公园是中国首创。文化是一个国家、一个民族的灵魂。文化兴国运兴，文化强民族强。习近平总书记提出，发掘好、利用好丰富文物和文化资源，让文物说话、让历史说话、让文化说话，推动中华优秀传统文化创造性转化和创新性发展、传承革命文化、发展先进文化等一系列重要指示精神，对于进一步坚定文化自信，充分彰显中华优秀传统文化持久影响力、革命文化强大感召力、社会主义先进文化强大生命力具有重要意义。

建设国家文化公园，是以习近平同志为核心的党中央的重大决策部署，是推动新时代文化繁荣发展的重大工程。国家文化公园，不论从规模、意义还是性质来看，都不同于我国以往任何文化工程，从理论层面到操作层面均处于起步探索阶段。它不仅是对一个复杂系统工程的剖析和对相关工作的安排部署，更是肩负着道路探索的重要责任。

中国将以国家文化公园建设引领中国文化遗产保护和利用体系建设。中国的文化遗产保护和利用体系，包含了世界文化遗产、文物保护单位、遗址公园、历史文化名城（镇、村）、烈士纪念设施等多个层面和维度。

构建和完善文化遗产保护传承利用体系将作为"十四五"时期文化和旅游发展的一项重要战略任务。《中共中央关于制定国民经济和社会发展第十四个五年规划和二〇三五年远景目标的建议》中提出："要传承弘扬中华优秀传统文化，加强文物古籍保护、研究、利用，强化重要文化和自然遗产、非物质文化遗产系统性保护。"建设长城、大运河、长征、黄河、长江等国家文化公园，将为整合和统筹保护中国文化遗产体系发挥系统引领作用。

四、国家文化公园将支撑文化中国的空间骨架

五大国家文化公园,跨度极大、内容极其丰富。以线性文化遗产为纽带,从遗产本身到遗产地沿线,再到沿线的文化遗存与风俗民生,其包含着遗产本身文化的共性,沿线不同地域文化的多样性以及不同地方不同时代文化的多样性与典型性,也因此衍生出丰富多彩的特质与样貌,并且内部存在密切的关联与联系。[①]

我国的国家文化公园建设与巨型线性文化遗产的管理紧密相关,目前入选的国家文化公园所涉及的文化遗产均属于线性遗产范畴。我国国家文化公园地区的遗址遗迹总量庞大,资源分布在不同属地,归属不同的部门,是一个十分复杂的巨型遗产体系。其保护管理涉及众多部门,部分项目还位于部分省、市、县的行政边界,牵涉管辖权的问题。此外,遗产地存在原住民人口多、土地产权复杂、自然与文化遗产交叠、多头管理、边界不清、跨省域协调困难等问题,中央与属地、园区与社区、保护与利用、政府与市场矛盾诸多。由此可见,巨型线性文化遗产研究将是中国国家文化公园建设未来研究的重要突破空间。

全新的特征、条件和目标,要求一系列的改革创新。在管理角色上,国家文化公园需要在中央政府统筹管理的基础上,构建不同的管理架构,针对管理疏松的遗产,采用政府集中治理,设立权威部门,统一管理路径;对于管理较完善的遗产,应采用政府统筹的社会共治模式。如长城国家文化公园的统一建设和标准化管理,包括加强保护修缮、文化挖掘、配套设施建设等方面工作,需要当地做出配合,但这无疑是一个重要的发展机遇。在资金来源上,国家文化公园以政府拨款为主,社会投资为补充。除保护、教育等功能需要政府拨款之外,娱乐休憩功能可以由市场进行运作,实现公共文化建设与文化产业的相互补充,包括降低历史区域门票价格,在娱乐区域采用市场定价等。在管理机制上,构建跨边界的协同治理机制。目前我国缺少区域化国家遗产的保护

---

① 单霁翔:《大型线性文化遗产保护初论,突破与压力》,《南方文物》2006年第3期。

架构,应将国家文化遗产和周边环境作为一个文化共同体进行整体性保护。王金伟等(2019)认为,国家文化公园建设发展面临地缘文化差异、行政区划限制、区域发展不平衡的问题,解决好这些问题,在保持地缘文化特色的前提下,需要做到"三个统一":塑造统一品牌形象、构建统一管制机制、力求统一服务标准。[①]国家文化公园管理面临困难多、情况复杂等问题,未来国家文化公园建设主要存在四方面的转变:从多头管理到统一管理的国家代表性文化遗产保护体系转变,从国家文物保护单位管理制度向国家文化公园管理体制转变,遗产管理理论从偏向注重真实性向真实性与完整性兼顾拓展,从单体遗产向线性遗产、区域遗产等进行理论拓展。

---

① 王金伟、余得光:《国家文化公园建设要做到"三个统一"》,《中国旅游报》2019年12月27日,第3版。

第三章
CHAPTER 3

国家文化公园建设的基本原则

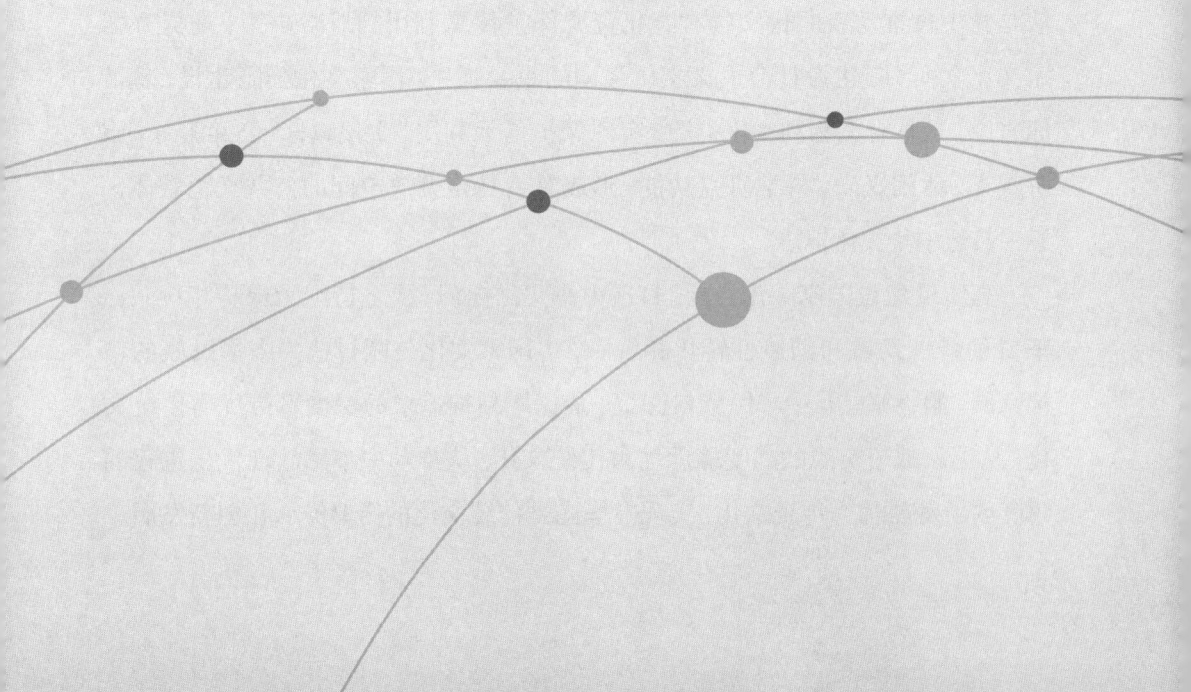

国家文化公园的建设是以习近平新时代中国特色社会主义思想为指导，既强调中华文化的传承、文化遗产的保护和利用，同时又强调文化的创新、文明的创新，实现传承保护与创新发展的统一；既充分发挥文化价值对人们行为和社会道德规范的引领作用，同时又以实现人民美好生活向往为价值旨趣，实现价值引领与美好生活的统一；既服务于社会，提升社会效益，又促进经济发展，增进人民物质文化生活品质，不因经济效益而损害社会效益，从而实现社会效益与经济效益的统一；既加强国家文化公园的统筹规划、协调推进，以显示整体效应，又提升精细化建设与管理水平，同时适应各地特殊性和特色，因地制宜，精准把握时空交错性，把控共性与个性的辩证关系，实现统筹规划与因地制宜的统一。

第一节 传承保护与创新发展相统一

从国家战略上看，建设国家文化公园，保护、继承、延续文脉，坚定文化自信是党中央推动新时代文物和文化资源保护传承利用的战略决策，是提升国家文化软实力、建设社会主义文化强国的重要抓手。国家文化公园建设，就目标来说，是整合文物和文化资源，实现保护传承利用、文化教育、公共服务、旅游观光、休闲娱乐、科学研究功能，形成具有特定开放空间的公共文化载体，集中打造中华文化标志。

高质量建设国家文化公园，打造中华文化标识，要坚持继承保护相统一，坚持创新性发展和创造性转化相统一，将国家文化公园打造为中华民族的精神家园。始终坚持从中华民族最深沉、最深厚精神追求的深度看待优秀传统文化，从国家战略资源的高度继承优秀传统文化，从推动中华民族现代化进程的角度创新发展优秀传统文化，实现中华优秀传统文化的历史传承和创新发展。

中国共产党在领导人民进行革命、建设、改革伟大实践中，自觉肩负起传承发展中华优秀传统文化的历史责任，是中华优秀传统文化的忠实传承者和弘扬者。

不忘本来才能开辟未来，善于继承才能更好创新。中华民族伟大复兴需要以中华文化发展繁荣为条件，要推动中华优秀传统文化创造性转化、创新性发展，不断增强中华文化的影响力和吸引力，创造中华文化新的辉煌。建设国家文化公园必须正确处理传承变化与创新发展的关系，坚持传承保护与创新发展相统一。

党的十九届五中全会审议通过的《中共中央关于制定国民经济和社会发展第十四个五年规划和二〇三五年远景目标的建议》中指出：传承弘扬中华优秀传统文化，加强文物古籍保护、研究、利用，强化重要文化和自然遗产、非物质文化遗产系统性保护，加强各民族优秀传统手工艺保护和传承，建设长城、大运河、长征、黄河等国家文化公园。

一、在保护中发展，在发展中保护

国家文化公园建设的核心主题是文化遗产保护和文化建设。国家文化公园的重要作用就是形成中华文化重要标识、强化文化和自然遗产保护。国家文化公园建设要坚持保护优先原则，严格落实保护为主、抢救第一、合理利用、加强管理的方针，真实完整保护传承文物和非物质文化遗产。在保护中发展，在发展中保护。

国家文化公园建设保护是一项长期工程，必须处理好长期目标与短期见效的关系问题，按照国家文化公园建设保护的轻重缓急，明确不同阶段的建设保护目标、任务和保障措施。

《长城国家文化公园建设保护规划》整合长城沿线15个省区市文物和文化资源，按照"核心点段支撑、线性廊道牵引、区域连片整合、形象整体展示"的原则构建总体空间格局，重点建设管控保护、主题展示、文旅融合、传统利用四类主体功能区，实施长城文物和文化资源保护传承、长城精神文化研究发掘、环境配套完善提升、文化和旅游深度融合、数字再现工程，突出标志性项目建设，建立符合新时代要求的长城保护传承利用体系，着力将长城国家文化公园打造为弘扬民族精神、传承中华文明的重要标志。

2019年3月，中办、国办印发《大运河文化保护传承利用规划纲要》，强调以大运河文化保护传承利用为引领，统筹大运河沿线区域经济社会发展。计划到2050年，让各类文化遗产焕发新的生机与活力，河湖安澜有序，环境优美宜居，"千年运河"文化旅游品牌享誉中外。文化和旅游部、国家发展改革委会同有关部门在2020年编制《大运河文化和旅游融合发展规划》，强调要坚持保护优先和合理利用并举，始终把保护放在第一位，依法合规保护大运河文化遗产，弘扬中华优秀传统文化、革命文化和社会主义先进文化。

大运河保护规划，整合大运河沿线8个省市文物和文化资源，按照"河为线、城为珠、珠串线、线带面"的思路优化总体功能布局，深入阐释大运河文化价值，大力弘扬大运河时代精神，加大管控保护力度，加强主题展示功能，促进文旅融合带动，提升传统利用水平，推进实施重点工程，着力将大运河国家文化公园建设成为新时代宣传中国形象、展示中华文明、彰显文化自信的亮丽名片。以大运河国家文化公园建设为重要契机，保护利用好这一"活"在当下的文化遗产，是传承中华文化、弘扬中国精神的应有之义。为建设好大运河国家文化公园，从中央到地方都在群策群力，统筹规划，保护好、传承好、利用好大运河文化遗产。

《长征国家文化公园建设保护规划》，整合长征沿线15个省区市文物和文化资源，根据红军长征历程和行军线路构建总体空间框架，加强管控保护、主题展示、文旅融合、传统利用四类主体功能区建设，实施保护传承、研究发掘、环境配套、文旅融合、数字再现、教育培训工程，推进标志性项目建设，着力将长征国家文化公园建设成为呈现长征文化、弘扬长征精神、赓续红色血脉的精神家园。

国家文化公园所拥有的遗产资源不局限于一种遗产类型，所涵盖的地域也产生了多样的历史文化，呈现出时间空间的复杂性，因此，要正确处理普遍性和地方特色的关系。在这方面,各地在推进国家文化公园建设中,坚持将保护放在第一位,划定管控保护区,尊重历史,修旧如旧,保护传统文化生态,在此基础上,使文物古迹、历史遗存、革命遗址鲜活起来,讲活中华文明故事。

2020年1月1日,《江苏省人民代表大会常务委员会关于促进大运河文化带建设的决定》开始实施,这是我国首部促进大运河文化带建设的地方性法规。为做好江苏大运河文化的保护传承,江苏省文物局牵头编制了《江苏省大运河文化遗产保护传承规划》。江苏还出台了《世界级运河文化遗产旅游廊道建设实施方案》,制定印发大运河文化遗产保护传承、文化旅游融合发展等6个专项规划和11个设区市实施规划等,从顶层设计为大运河提供制度保障。

北京正式发布的《北京市大运河国家文化公园建设保护规划》,提出到2023年,大运河沿线文物和文化资源保护传承利用协调条件局面基本形成,大运河国家文化公园建设保护任务基本完成。根据规划,北京围绕大运河建设,将打造文化之河、生态之河、发展之河、民生之河、融合之河,北京将加强大运河文化保护传承利用,推进大运河物质文化遗产与周边环境风貌、文化生态的整体性保护,规划建设大运河源头遗址公园,建设路县故城考古遗址公园,修复大运河生态环境;建设观水、近水的滨水休闲空间,整体打造水城共生、人水和谐的大运河生态文化景观长廊,到2035年,大运河各类文化遗产资源保护基本实现全覆盖,基本完成北运河、通惠河、萧太后河、坝河等重点河段综合治理,实现河道水体全面还清。

2020年9月24日,《浙江省大运河世界文化遗产保护条例》经浙江省十三届人大常委会第十四次会议审议通过,于2021年1月1日起正式施行,为有效保护大运河提供了法治支撑。浙江省坚持"保护优先、活态传承、合理利用"的原则,努力保护好、传承好、利用好大运河这一祖先留给我们的宝贵遗产,对大运河遗产区、缓冲区外核心监控区的开发利用实行负面清单管理制度,实现了文化遗产保护、生态环境提升以及国土空间管控的统筹协调,推动了大运河文化带和大运河国家文化公园建设。浙江省大运河世界文化遗产监测系统全面建成并正式上线运行。该系统综合运用地理信息、遥感监测、物联网、云计算等技术实现一个界面纵览(浙江段)世界文化遗产基础数据,横向协同自然资源、生态环境、交通水利等多部门数据,并贯通国家、省、市、县四级管理体系,以数字化改革赋能世界遗产保护,将有助于全面提升大运河(浙江段)保护管理能力和水平治理能力。

2022年3月30日,河北省第十三届人大常委会第二十九次会议表决通过了《河北省大运河文化遗产保护利用条例》,这是河北省关于大运河的专项法规,为加强大运河文化遗产保护利用提供了有力法制保障。近年来,河北积极开展大运河沿线文物普查、大运河安全巡查,对32处水工遗产点段和42处相关历史文化遗产分级分类建立文化遗产名录;完成大名府故城环境整治工程、大运河永济渠段的考古勘察、大清河流域考古调查等;持续推进大名府故城、贝州古城遗址、沧州旧城遗址等重要城址考古勘探工作;统筹运河沿线场馆建设,提升沧州、阜城、景县等地运河文化主题博物馆综合展示利用水平。

在长城保护利用方面,河北制定实施《河北省长城保护条例》,在省级地方立法层面对长城国家文化公园作出规范,同时上线"可阅读长城数字云平台",引导游客通过线上线下多种方式感受长城文化魅力。

《大运河安徽段文化保护传承利用实施规划》于2021年印发,在此基础上,安徽省开展了《大运河沿线文物和文化资源名录》《大运河考古及标志性遗址遗迹展示项目论证及实施方案》制定工作,把握大运河文化遗产的活态特征,统筹推进整体性、抢救性、预防性保护。如今,在淮北市已经形成了良好的文化遗产保护和传承格局,柳孜运河遗址大运河国家文化公园正在加快建设,濉溪古城建成开放,临涣古城墙、濉溪明清酿酒作坊遗址保护展示等工程稳步推进。

河南组织对开封州桥、古汴河遗址、洛阳古城、会通河台前段等进行考古发掘,开展了沿线历史文化名城名镇普查,同时加快建设隋唐大运河文化博物馆、开封宋都古城、郑州大河村国家考古遗址公园等标志性项目。

大运河沿线各城市将文物遗产保护同沿岸生态环境修复、岸线景观塑造、绿色经济发展、运河航运转型提升统筹谋划,系统打造"璀璨文化带、绿色生态带、缤纷旅游带",让古运河在新时代更加熠熠生辉。

让文化遗产价值不断凸显,更让民众认识并认同中华文化。依运河而建、依运河而兴的山东省枣庄市台儿庄区,立足"古城、水城、绿城、慢城"定位,保护水生态、打造水景观、弘扬水文化,重建的古城已成为齐鲁文化新地标。山东还以微山湖、东平湖为集聚发展区,整合开发运河两岸文化旅游资源,串联山陕会馆、戴村坝、聊城中国运河文化博物馆、济州古城、台儿庄古城以及鲁故城、大汶口国家考古遗址公园等标志性项目,深入挖掘传统工艺、民俗节庆、地方戏曲等资源,积极打造大运河文化旅游示范区。

北京、河北借助北京冬奥会擦亮长城历史文化遗产"金名片",不断扩大中国文化国际影响力。一是开展主题活动,北京举办"长城之魅 冬奥之约"长城文化节,围绕建设长城国家文化公园、推动冰雪运动发展等开展研讨,在八达岭举行北京冬奥会火炬接力起跑仪式和冬残奥会火种采集仪式;河北在太子城遗址陈列馆举办"冰雪·双城·盛会——从1202到2022"主题展,系统展示中外文明交流互鉴历史,在大境门举行北京冬奥会火炬接力引火仪式,以山海关为元素在崇礼赛区打造坡面障碍技巧场地"雪长城",向世界展现长城的恢宏壮美,彰显开放自信的大国胸怀。

国家文化公园建设,在坚持保护优先的原则下,也要强化传承利用,坚持创造性转化和创新性发展相统一。建设国家文化公园,打造中华文化标识,不仅要坚持继承保护相统一,而且要坚持创新性发展和创造性转化相统一。要以习近平新时代中国特色社会主义思想为指导,不断推动中华优秀传统文化创造性转化、创新性发展,汲取中华优秀传统文化的思想精华,激发中华优秀传统文化的内在活力,丰富中华优秀传统文化的时代内涵,为实现中华民族伟大复兴提供强大精神力量。要按照时代特点和要求,对那些虽陈旧但至今仍有借鉴价值内涵的表现形式加以改造,赋予其新的时代内涵和现代表达形式,激活其生命力,按照时代的新进步新进展,对中华优秀传统文化的内涵加以补充、拓展、完善,增强其影响力和感召力,实现中华优秀传统文化的创造性转化和创新性发展,让中华文化展现出永久魅力和时代风采。

二、找到传统文化和现代生活的连接点

在新的时代条件下,"找到传统文化和现代生活的连接点"是推动中华优秀传统文化创造性转化、创新性发展的必由之路。找到传统文化和现代生活的连接点,就要坚持以人民为中心的发展思想,要把为人民群众提供丰富的精神食粮作为传统文化传承发展、文化产业高质量发展的落脚点和出发点。

推动中华优秀传统文化创造性转化和创新性发展、持续激发大运河文化遗产活态利用的现代活力与讲好中国故事国际传播能力、拥抱数字场景是数字经济时代新机遇。2021年底,大运河国家文化公园数字云平台(一期)上线公测。依托虚拟现实、三维建模等技术,人们不仅可以足不出户线上游览运河沿线景点,还能在交互体验中感受文化魅力。通过数字云平台的建设,整合大运河沿线文物、文化、生态、产业等资源,构筑运河文化产业生态圈,打造世界级运河文化品牌,形成大运河文化资源的保护传承利用与沿线城乡发展、人民生活全面融合的格局。

三、文旅融合是国家文化公园活化利用资源的重要路径

国家文化公园必须以文化、生态资源保护为前提,利用文物和文化资源外溢辐射效应,合理布局旅游业,通过文旅融合,坚持以文塑旅、以旅彰文,推进文化和旅游深度融合发展。

文旅融合要重视遗产旅游资源管理,应以自然遗产资源和文化遗产资源为基础,以公益导向为目标,以智能、高效和活化技术为手段,建立个人发展与遗产保护协调发展、政府分区级评估和动态监管、利益相关方参与的遗产旅游资源战略管理体系,从而实现在保护遗产基础上的合理利用,发挥自然和文化遗产的最大价值。[①]

[①] 邹统钎、赵英英:《基于自然与文化解决方案的遗产旅游资源管理战略研究》,《遗产与保护研究》2017年第1期。

四、依托国家文化公园，充分发挥教育引导功能

依托国家文化公园，积极开展爱国主义教育，充分发挥教育引导功能。如大运河国家文化公园是大运河文化的物质载体，承载着民族团结、追求统一的政治价值，勤劳勇敢、富于创新的经济价值，开放包容、交流融合的文化价值，人与自然和谐共生的生态价值等，通过打造大运河文化符号，开设大运河研学体验，创作大运河文化作品，以突显大运河神美风貌，有助于塑造具有中国特色的国家表征，汲取大运河的历史智慧，促进文化认同和文化自信，增强民众的环保意识，实现思想政治教育价值。[1]

四川以长征为主题的爱国主义教育培训基地初步形成，着力将长征红色文化资源有机地融入爱国主义和革命传统教育中。四川长征干部学院泸州四渡赤水分院、雅安夹金山分院、阿坝雪山草地分院、甘孜泸定桥分院、凉山彝海结盟分院等培训机构，致力于推进长征文化精神内涵和时代价值研究，深入挖掘长征精神在不同时期和不同重大历史事件中的具体体现，依托长征遗址、遗迹开展多种形式的主题教育培训活动，为讲好长征故事、传承长征精神提供了重要阵地。[2]

第二节　价值引领与美好生活相统一

习近平总书记在庆祝中国共产党成立100周年大会上的重要讲话中强调，以史为鉴、开创未来，必须团结带领中国人民不断为美好生活而奋斗。建设好国家文化公园，对于进一步坚定文化自信，充分彰显中华优秀传统文化持久影响力、革命文化强大感召力、社会主义先进文化强大生命力将产生广泛而深远的影响。

---

[1] 梁天卓：《大运河国家文化公园的思想政治教育价值》，《北京教育（德育）》2022年第2期。
[2] 刘禄山、王强：《关于长征国家文化公园建设路径的思考》，《毛泽东思想研究》2021年1月。

一、坚持价值引领，重视价值导向

国家文化公园建设，作为繁荣发展社会主义文化的重大战略，要坚持价值引领原则。国家文化公园具有多种复合价值，如何进行价值阐释和展示是国家文化公园建设的重大课题。国家文化公园的价值可以分为本体价值和衍生价值，本体价值包括历史文化价值、科学价值、艺术价值，衍生价值包括社会价值、经济价值、文化价值、旅游价值、生态价值。[①]加强精神阐释和价值阐释弘扬，是国家文化公园建设的重要内容，在国家文化公园建设中具有基础性和导向性作用。[②]从根本上说，国家文化公园的灵魂是文化，文化的灵魂是蕴含其中的精神品性。所以，坚持国家文化公园的价值引领，就要坚持社会主义先进文化发展方向，深入挖掘文物和文化资源精神内涵，充分体现中华民族伟大创造精神、伟大奋斗精神、伟大团结精神、伟大梦想精神，焕发新时代风采。

国家文化公园文旅融合创新发展特别要重视价值导向。国家文化公园，也是旅游资源的富集区，尤其是历史文化文物资源，革命文物、红色遗迹等十分突出，这要求在推动文旅融合、旅游开发上，充分体现价值导向，尤其不能对冲、解构、曲解文化和文物的本体价值。

我们党在推动马克思主义中国化的进程中，通过对历久弥新的中华优秀传统文化精髓的发掘、继承、弘扬，用马克思主义真理的力量激活了中华民族历经几千年创造的伟大文明，使中华文明再次迸发出强大精神力量。着力推进中华优秀传统文化的创造性转化、创新性发展，让党的创新理论深深植根于中华优秀传统文化的沃土之中，让中华文化展现出新的时代风采，让马克思主义焕发出更加灿烂的真理光芒，是时代的重任和使命。中华优秀传统文化在全面建设社会主义现代化国家新征程上大有可为，也必将大有作为。

在人类文明历史长河中，中国人民创造了源远流长、博大精深的优秀传统文化。中华优秀传统文化，蕴含着中华民族最深层的精神追求，培育了中国人

---

① 吴承中、鲍新中主编：《中国国家文化公园报告（2022）》，社会科学文献出版社2022年版，第25页。
② 秦宗财：《大运河国家文化公园系统性建设的五个维度》，《南京社会科学》2022年第3期。

民的宝贵精神品格，为中华民族生生不息、发展壮大提供了丰厚滋养。我们要利用好中华优秀传统文化中的这些宝贵资源，增强人们的价值判断力和道德责任感，不断提高人们的道德水平，提升人们的道德境界。要认真汲取中华优秀传统文化的思想精华和道德精髓，大力弘扬以爱国主义为核心的民族精神和以改革开放为核心的时代精神，深入挖掘和阐发中华优秀传统文化中讲仁爱、重民本、守诚信、崇正义、尚和合、求大同的时代价值，使中华优秀传统文化成为涵养社会主义核心价值观的重要源泉。

建设国家文化公园，打造中华精神标识，传承和保护文化遗产，弘扬中华传统文化，创造性转化、创新性发展，深入挖掘和阐发以长城、大运河、黄河、长江为标识的中华优秀传统文化和以长征为标识的革命文化的时代价值，使中华优秀传统文化和革命文化成为涵养社会主义核心价值观的重要源泉。要用蕴含其中的精髓精华滋养当代中国人的精神世界，提振当代中国人的精神力量。要利用这些宝贵资源，增强人们的价值判断力和道德责任感，不断提高人们的道德水平，提升人们的道德境界。因此，国家文化公园建设，必须坚持价值引领和美好生活相统一，让文化更好地润泽百姓的美好生活，为人民群众提供丰富的精神食粮，实现人的全面发展。

二、为人民群众提供丰富的精神食粮

文化的发展和繁荣，说到底为的是满足人民日益增长的美好生活需要。建设国家文化公园，要坚持以人民为中心的发展思想，要把为人民群众提供丰富的精神食粮作为传统文化传承发展、文化产业高质量发展的落脚点和出发点。

习近平总书记指出，牢记和践行为中国人民谋幸福、为中华民族谋复兴的初心使命，是贯穿我们党百年奋斗史的一条红线。从石库门到天安门，从兴业路到复兴路，我们党100多年来所付出的一切努力、进行的一切斗争、作出的一切牺牲，都是为了实现好、维护好、发展好最广大人民的根本利益，都是为了人民幸福和民族复兴。

为人民而生，因人民而兴，始终同人民在一起，为人民利益而奋斗，是我们党立党兴党强党的根本出发点和落脚点。这就要求，国家文化公园建设必须坚持以人民为中心，文化的主体是人民，公园的主人是人民。公园之公，公在人民。[①]国家文化公园建设的每一处成果，最终都要由人民检验。

进入新时代，我国社会主要矛盾已经转化为人民日益增长的美好生活需要和不平衡不充分的发展之间的矛盾。物质精神共同富裕，全面发展，人民群众美好生活的需要对文化供给"量的扩大"以及"质的提升"都有了新的要求。建设国家文化公园，繁荣文化事业，就是要不断丰富人民精神世界，增强人民精神力量，满足人民精神需求。要秉持客观、科学、礼敬的态度，不复古泥古，不简单否定，坚持古为今用、推陈出新，有鉴别地加以对待，有扬弃地予以继承，取其精华、去其糟粕，用中华民族创造的一切精神财富来以文化人、以文育人。

三、扎实推进国家文化公园建设，满足人民美好生活

在几千年历史长河中，中国人民始终辛勤劳作、发明创造，始终革故鼎新、自强不息，始终团结一心、同舟共济，始终心怀梦想、不懈追求，推动我国不断向前发展，走在世界前列。在新时代的伟大征程上，只要始终发扬中国精神，振奋起全民族的精气神，就一定能够创造出更加辉煌的人间奇迹，就一定能够创造人民更加美好的生活。

在党中央的坚强领导下，在国家文化公园建设工作领导小组的统筹指导下，各地区各方面扎实推进工作，长城、大运河、长征、黄河、长江国家文化公园建设取得显著成效。一批标志性建设项目相继实施，一批重点基础工程建设陆续展开，一批重点建设区示范先行，中央和地方投入力度不断加大，沿线文物和文化资源家底不断夯实，保护状况持续改善，展览展示水平极大提升，宣传教育功能日益彰显，综合效益有效发挥，人民群众的文化生活空间不断拓展，

[①] 《赓续中华文明的鸿图华构——专访国家文化公园专家咨询委员会总协调人、中国艺术研究院院长韩子勇》，https://mp.weixin.qq.com/s/HzPGA5CJbqYiQgK4MWR_Ww，2022-06-11。

中华优秀传统文化、革命文化、社会主义先进文化广泛弘扬。

建设国家文化公园是具有开创性意义的举措。各地在推动国家文化公园建设过程中，坚持建设与运营并重、文化与旅游融合、事业与产业协同，统筹社会效益和经济效益，把文化建设、旅游开发和经济社会发展统筹起来，让沉睡的资源活跃起来，让潜在的优势发挥出来，助力巩固拓展脱贫攻坚成果、促进乡村全面振兴。

近年来，江苏在顶层设计、遗产保护、治理修复、文旅融合等多方面发力，高标准、高水平、高品位推进大运河国家文化公园建设，让昔日沟通南北的交通动脉化作自然、人文、经济相得益彰的"美丽中轴"，让古老运河焕发新的生机。

河北省统筹运河沿线场馆建设，提升沧州、阜城、景县等地运河文化主题博物馆综合展示利用水平。

安徽省淮北市已经形成了良好的文化遗产保护和传承格局，柳孜运河遗址大运河国家文化公园加快建设，濉溪古城建成开放，临涣古城墙、濉溪明清酿酒作坊遗址保护展示等工程稳步推进。

河南各地重视发挥大运河遗产的资源优势，加快推进与旅游的深度融合，努力让文化遗产活起来。郑州市以大运河通济渠郑州段为依托，制定了建设古荥大运河文化片区的发展规划，打造一个集文物保护、开发利用、业态提升为一体的区域，努力实现文物保护与民生改善协调发展。洛阳市隋唐大运河文化博物馆开工建设，对回洛仓和含嘉仓遗址保护展示进行提升，围绕运河故道建设隋唐大运河遗址公园。滑县积极探索道口古镇的保护利用新途径，采取"公助民建"，对明清历史街区进行维修保护，依托老字号历史建筑成立运河古镇民俗展馆、非物质文化展馆等。

以长征国家文化公园建设为契机，贵州把打造红色经典景区和培育精品线路融入其中，启动"红军路""红军村"保护建设工作，举办"重走长征路"系列主题文旅活动，推出贵州省红色文化旅游十大精品线路，以及"最美红军线路""最美红军村落"等，为长征国家文化公园建设和旅游市场复苏营造了良好氛围,有力推动了贵州红色文旅提质升级。在兵临贵阳核心展示园聆听让人动容的红色故事,在猴场会议会址感受"伟大转折的前夜",在困牛山战斗遗址感悟红军战士毅然跳崖的悲壮……长征国家文化公园的建设,让长征文物更好地保存,让革命精神更好地传承,让红色文旅更好地发展。

1935年红军长征途经四川省凉山彝族自治州冕宁县时,留下了"彝海结盟"的经典红色记忆。如今,走红军路、吃红军餐已成为冕宁县的特色文化和旅游品牌。采取"党校+基地""课堂+现场"的模式,感悟长征的艰辛,这不仅满足了党员干部党性教育的需求,也吸引游客到此打卡。福建省龙岩市长汀县中复村被誉为"红军长征第一村",是长征国家文化公园重点建设区域。中复村的红色旅游助推南山镇百香果采摘游走上快车道,带动中复村红军街农村电商一条街发展,使当地特产广为销售,2020年村民人均收入1.86万元,实现社会效益和经济效益双丰收。河北不断创新公园模式,促进优质文化和旅游资源一体化开发,同时以旅游驱动沿线经济社会发展,优化城乡文化资源配置,加大文化惠民力度,使公园建设与人民群众精神文化生活深度融合、开放共享。

随着长城、大运河、长征、黄河、长江国家文化公园建设逐步开始,流淌在中国人血液中、凝结在共同记忆里的传统文化和革命文化,将以国家文化公园为载体展现出永恒的魅力,在增强文化自信、满足人民美好生活方面发挥了积极作用。

第三节　社会效益、经济效益和生态效益相统一

一、国家文化公园建设应当注重社会效益

国家文化公园建设是要注重社会效益的。这一内在要求指的是国家文化公园要凸显出中华民族千百年来蕴含的文化基因、中华民族内在精神所显扬的独特标识、中华民族独有的精神智慧、维系中华民族情感的精神文化纽带等文

化价值底蕴。这一文化价值是被人民高度认同的,能够充分体现国家形象、民族特点的独一无二的物质文化遗产和非物质文化遗产等文化资源,其目的在于为公众提供了解、体验、感知中国悠久文明史的平台,彰显中华优秀文化魅力的空间,讲好中国故事、宣传好中国文化的游憩场域。文化遗产是一个国家或民族形成和发展过程中某个特定历史时期的政治、经济、科技和社会文化融合的产物,其对于现代国家的建构具有重要的文化认同价值、符号价值和象征意义,是一种对于国家公共资源的"象征财产"(symbolicestate)。[1]不仅如此,培育民众积极参与保护文化遗产、学习历史文化知识、提升自我品德素质,以增强人民文化自信力,亦包含于这一主题之内。

国家文化公园承载着传承中华优秀传统文化的职能。国家文化公园必然包含着"文化"内涵,包括有形的和无形的两大类。无论对哪种文化,国家文化公园都承担着保护传承和弘扬具有国家或国际意义的文化资源、文化精神或价值的主要职能,根本目的在于传承中华优秀传统文化、延续历史文化文脉、弘扬爱国教育精神、促进文化旅游休闲主观体验、增进国际文化交际交往、人类文明交流互鉴等主要职能。历史和文化价值构成了国家文化公园的核心和灵魂,也是这一主题公园所蕴含的其他价值的基础。国家文化公园内的文化遗产是国家历史发展进程中所保留下来的产物,真实反映了当时的自然生态演进状况和当地社会、政治、经济、科技、军事、文化等发展状况,具有较高的史料价值和文化积淀价值。在国家文化公园里,文化遗产必然真实地反映着国家的历史渊源、民族精神、人民生活风俗习惯、国家核心价值观等内涵。我国建设国家文化公园必然要以中华民族的精神为坐标,通过公园这个载体,显示中华民族的悠久而辉煌的文明史、民族性格、民族身份,以便促进民众的历史自信、文化认同、文化自信等精神力量,从而为实现中华民族伟大复兴贡献文化力量、社会力量。

党的十九大报告指出:"中国特色社会主义进入新时代,我国社会主要矛

---

[1] 魏爱棠、彭兆荣:《遗产运动中的政治与认同》,《厦门大学学报(哲学社会科学版)》2011年第5期。

盾已经转化为人民日益增长的美好生活需要和不平衡不充分的发展之间的矛盾。"①人民的美好生活需要包含着美好的物质生活和精神生活、社会生活、生态生活，是"四位一体"的生活境界。这一美好的追求蕴含着文明健康的生活方式。文明健康不仅指物质文明，而且指政治文明、社会文明、精神文明、生态文明，构成人类文明新形态的中华文明。

  国家文化公园建设要关注的是精神文明与生态文明的高度统一。在生态文明方面，要以原有自然生态为基础，不得破坏自然环境，要秉持"绿水青山就是金山银山"的理念，通过国家文化公园建设，促进人与自然和谐共生，打造生命共同体。在精神文明方面，要以传承优秀民族历史文化为导向，运用文化创意和资本为助推，体现人与社会、人与人和谐、稳定的社会效益。国家文化公园所内含的精神文明和生态文明，将尊重自然、保护自然的生态意识，与共生共荣的民族意识、生活安危的安全意识，与人民美好生活向往紧密联系在一起。国家文化公园的建设，充分体现出中华传统文化的独特魅力、价值理念和鲜明特色，让人民群众徜徉在文化景观和自然景观相融合的秀丽山水之间，深切感受国家发展的力量、民族精神的力量，在游览与休闲活动中重回历史，从而感受到历史故事的震撼。通过这一切的情感与文化渗透，增强民众的民族文化认同感和文化自信力。从这个意义上讲，国家文化公园的一项重要职能，便是通过潜移默化的文化与精神力量，教育民众、熏陶民众。可以说，一个建设成功的国家文化公园，便是一所高级的思想政治教育大学，是民众进行文化熏陶的基地，是一所主题性、专业性的文化博物馆。但与后者不同的是，国家文化公园又有自己的优势，它所显示的文化更加直观、感性、形象，以实物甚至原貌呈现出来，给人以身临其境之感，因而会产生心灵震撼效应。由此，国家文化公园的教育将产生巨大的感染力和说服力，成为开展中华优秀文化传统教育、爱国主义教育、革命文化教育、社会主义文化教育的重要基地。比如，长征国家文化公园展出红军长征史诗全貌，中国共产党人的长征精神赋予新的时代内涵便被铸造

---

① 《习近平谈治国理政》第三卷，外文出版社2020年版，第9页。

其间,让人们"穿越"到当时的历史时期,感受着当时的历史场域,这种身临其境之感是最好的教育方式。国家文化公园的社会效益由此产生。

"国家文化公园是我国政府依托深厚的历史积淀、磅礴的文化载体和不屈的民族精神构建的新的中国国家象征,对内作为国家认同的重要媒介,对外成为中国印象的重要代表"。[1]国家文化公园不单纯表现为一个休闲场所,它已然超越了这一意义,对内代表着人民的文体生活方式,对外代表着民族精神和中华文明,由此彰显出重要的社会价值和国际意义。还有学者认为,国家文化公园要能够代表国家形象、彰显中华文明,并且能够获得全体国民广泛认同。[2]国家文化公园的建设,不仅要得到国内全体国民的文化认同,而且要得到世界人民对中华文明的肯定,并主动与中华文明形成交流互鉴之势,从而促进人类文明的进步。国家文化公园中的文化资源具有活化优势,彰显出高品位的人类文化遗产性质,正是在这一意义上,才有建设国家文化公园的必要性和必然性。

国家文化公园的建设是实现中华民族伟大复兴的重要内容,更是实现美好生活向往的不可或缺的元素。"国家文化公园具备文化保护、教育、观光、休闲、体验等功能,其主体部分是国家提供的公共文化产品,其根本宗旨是实现全民参与和全民受益,具有很强的社会公益性"。[3]国家文化公园建设要在"生态优先""绿色发展"的新发展理念指引下展开实践,其文化建设更是要与"绿色"和"红色"有机结合起来,从而达到促进民族文化、革命文化、社会主义先进文化的自信,并在国家认同上发挥独特效应。比如,长江国家文化公园,正是要聚焦于长江文化带的建设,与长江生态优势有机统一起来,从而达到创新长江文化发展的目的,构建独特的长江文化共同体,以便推进长江文化的创新与繁荣。

国家文化公园依然具有公园的属性,是为民众提供休闲旅游的场所,人

---

[1] 李飞、邹统钎:《论国家文化公园:逻辑、源流、意蕴》,《旅游学刊》2021年第1期。
[2] 张祝平:《黄河国家文化公园建设:时代价值、基本原则与实现路径》,《南京社会科学》2022年第3期。
[3] 钟晟:《文化共同体、文化认同与国家文化公园建设》,《江汉论坛》2022年第3期。

们在游园活动中可以学习公园文化及历史知识、观赏公园外景、参与到娱乐中去，从而获得丰富的感性体验，这对人的全面发展和社会全面进步具有重要的价值。有学者认为，从公园规划与管理视角来看，国家文化公园划分为管控保护区、主题展示区、文旅融合区、传统利用区四类主体功能区，其中后三类区域均可开展参观游览和文化体验活动。社区发展功能是国家文化公园可持续发展的基础。公园范围内、周边或多或少都分布有社区。国家文化公园在发展过程中，会在经济发展、基础设施建设、文化教育等方面带动社区的发展。社区在参与公园建设、管理中，在日常生活中延续传统文化，将赋予传统文化新的时代内涵。[①]

二、国家文化公园建设应当重视经济效益

国家文化公园同样需要实现经济效益，这也体现国家文化公园的经济价值。这一经济价值一方面表现为直接性的利用公园内文化遗产进行文化、教育、旅游等产业经营活动，从而产生相应的直接经济收益；另一方面表现为公园内及其周边社区由于对文化遗产实施保护措施而产生的产业发展、扩大就业、增加收入等效应，从而直接改善和提高社会居民生活质量，进而促进对当地社会整体发展等间接性经济收益。由此，国家文化公园的建设应当有利于这一价值和效应的发挥。

国家文化公园处于一定的地区，必将参与到当地经济与社会发展进程中来，为当地经济发展提供了自我造血与开发的潜能。文物等文化资源构成了旅游开发的资源和平台，将其合理布局，必然开创出由生产到消费完整经济链的态势，以促进地区经济、文化遗产保护、文化创新、文化消费、生态环境保护相融合的协调发展系统。

国家文化公园需要社区参与管理，需要具备相关的经济激励措施，以经济效益促进公园管理。"对比发达国家和发展中国家的公园—社区冲突类型、

---

① 韩子勇、宋蒙、高琰鑫：《国家文化公园建设研究》，文化艺术出版社2021年版，第69页。

原因和管理战略的差异后发现,对于发展中国家的社区应提供经济激励措施以帮助社区居民维持生计,而不应采取威慑、警告等方式,以避免冲突升级,对于发达国家的社区则应鼓励社区居民参与公园管理,以满足居民的情感需求。"[1]我国是世界上最大的发展中国家,需要经济效益的提振来帮助管理,因而需要加强国家文化公园的社会经济效益。

国家文化公园与当地居民之间存在一定的经济利益关系。国家文化公园在一定程度上要偏重于文化遗产与古迹的保护,以免人为地对其产生负面效应,因而会加强保护措施,以限制当地社区居民正常的生活,甚至妨碍当地居民以自己常有的方式参加社会文化实践活动,这便产生相应的经济补偿需要,比如必要的搬迁安置、提供相应的就业机会,甚至提供一定的经济福利,以便确保公园正常运转。如果补偿不得当,可能会引发利益补偿冲突。

国家文化公园建设需要突出社区参与到相应的公园管理中来,逐步实现以国家文化公园旅游建设促进当地发展,一方面可减缓传统生产活动对国家文化公园环境的破坏压力,另一方面又有利于社区居民参与到公园的监督与管理活动中来,积极引导他们融入国家文化公园旅游的建设、发展、接待、运营等相关环节中来,这无疑有利于促进国家文化公园的建设与发展。社区居民参与文化公园的管理,有利于增强居民的主人翁责任感、荣誉感,有助于公园环境的保护,而且也提高了当地居民的就业率。国家文化公园的建设应在公园景区范围内或周边地带社区,建立起相应的国家文化公园与社区共同保护地带,以便合理利用文化资源和自然资源,照顾到当地社区传统文化习俗和人们传统生活方式,实行对资源的拥有和恰当利用、保护和监管。如此,便需要提出社区发展对策、参与公园共管模式、资源的恰当而合理的利用以及利益分配机制。

国家文化公园建设要与当地经济发展有效结合起来,为当地居民解决就业问题,使当地居民在文化公园的建设中得到更多的经济实惠。通过发展相关

---

[1] 李正欢、蔡依良、段佳会:《利益冲突、制度安排与管理成效:基于QCA的国外国家公园社区管理研究》,《旅游科学》2019年第12期。

替代产业，降低当地居民对传统产业的依赖度，以便解决保护和发展之间的内在冲突。

国家文化公园建设以保护文化遗产现状为前提，对环境的影响最小化，以人们旅游体验感、幸福感最大化为指导原则，划分相应的生态旅游区、文化旅游与保护区，确立相应的旅游文化产品策划，建立相应的旅游基础设施和服务设施。始终贯彻文化生态运行原则，在允许的范围内测量环境容纳度，控制景区游人活动场地，以便走生态经济发展道路，实现景区的有效保护与经济利益可持续发展。增进国家文化公园的经济效益，目的正在于高效地建设、有效地保护，为有效管理与保护降低运营成本。

国家文化公园是文化交流平台，因而必然产生平台效益。将平台内容具体化、生活化，让游人在休闲、娱乐、体验、健康、观光、鉴赏过程中，以可触、可视、可玩、可见的有形状态，将教育、文化融入人们休闲度假的过程中，让人们在休闲中感受到文化的力量，从而受到社会教育，产生情感体验和心灵升华。文化的存在感与传播力，都要通过人们的休闲活动来体验和传递，这便要求国家文化公园行使旅游职能、教育职能，通过这一职能的运行而产生运营效能。

国家文化公园的建设，必然吸引一些文旅项目以及相关的专业服务等资金到周边地区投资，由此可以打造一批以国家文化公园为中心的龙头文旅经济实体，可以从政策方面对这些经济体加以扶持，并可设置相关重大经济项目，支撑国家文化公园的保护、经营利用的完整环节。围绕国家文化公园的核心地位，打造一批文旅产业，可以进一步挖掘相关的文化资源，并形成研究、宣传的服务体系。通过进一步开发文化旅游产品，可以增加4A级景区的数量，从而提升文化产业创新力。同时，景区相关服务、营销、管理、宣传等配套措施进一步规范化，形成文化产业链和旅游服务体系，从而激活周边的住宿、娱乐、餐饮等相关服务企业，进一步为当地居民就业提供强有力的支撑。

比如，就大运河国家文化公园而言，运河流域保留着原生性和整体性的生态环境，为建设大运河国家文化公园奠定了坚实的基础，其间自然资源和文化资源都有较高的保存度。在文化资源方面，大运河体现着中国历史悠久的农耕文明，农耕生产和生活方式的文化色彩得以表现，因而可以利用这一点增进大运河国家文化公园的文化自信教育、历史自信力培养、公共服务、休闲度假等职能，以向世界讲好中国历史故事、传播中国文化、展示中华文明先进的治水智慧和勤劳美德，同时彰显出国家的治理政策与制度建设，一体化城河自然共同体格局，进而形成多元文化相互交融的活态文化地标。大运河国家文化公园打造面向人民群众的文化休闲场所、文化教育场所、文化交流场所和文化消费场所，从而衍生出诸如国家漕运、盐运治理文化线路，江淮运河大堤、高家堰、清江大闸治水文化线路，杭州、苏州、无锡、常州、镇江、扬州、淮安、宿迁、徐州、济宁、聊城、临清、天津、北京城河共生文化线路，沙家浜、茅山、溧水、泰州、盱眙、徐州、枣庄、济南、北京红色革命文化线路等核心展示园、集中展示带以及特色展示点。[①]大运河国家文化公园的建设，集中体现了这一文化景观的文化价值、经济价值，为人民创造了丰富的物质财富和精神财富。大运河国家文化公园的建设大力地宣传了当地绘画、雕塑工艺等尽显民间艺术智慧的作品，也为建筑、饮食等具有时令民俗性质的非物质文化遗产主题乡村旅游品牌和相关内容提供了经济效益的可持续发展的稳定平台，民众的物质财富日益增进，从而提升民众的获得感和幸福感。

三、国家文化公园建设应当关切生态效益

国家文化公园除了保护文化遗产以外，还要保护生态环境，前者属于对人文环境和文明器物的保护，后者属于对自然环境的保护。

纵观我国五大国家文化公园范畴，均无法脱离自然环境而直接对文化遗产进行保护，让人们感受文化的魅力，文化遗产必然镶嵌于自然环境中，如果单纯为了保护文化遗产而破坏了自然环境，生态必然会遭到失去平衡的可能，最后必然损害人们的生活环境，从而伤及人们对美好生活的追求。世界上建设国

---

① 韩子勇、宋蒙、高琰鑫：《国家文化公园建设研究》，文化艺术出版社2021年版，第356—357页。

家公园的先例可供我们借鉴。"美国国家公园体系的发展历程具有典型性和代表性，其大体经历了从以自然荒野景观保护为主到同时对历史文化景观进行保护，从重物质形态规划建设到强化自然资源立法保护和全民参与，从重资源景观保护到兼顾游憩利用，并向教育、科研等多功能拓展的转变"。[1]美国依托文化遗产资源并对其加以保护而建立的国家公园，称之为"国家历史公园"。以美国为代表的历史遗产型国家公园的建设，其初始意图在于保护自然景观和历史遗产不受损害，因而立意对自然资源和文化资源的双重保护。而我国的国家文化公园建设的旨趣，在于弘扬中华优秀传统文化、革命文化和社会主义先进文化，需要保护的同样是优秀的传统文化、红色文化、中国特色社会主义先进文化，核心在于保护文物和文化遗产，进而弘扬中华民族的精神，坚定文化自信、历史自信。在资源的开发与利用上，文化遗产类国家公园与自然资源类国家公园一样，均强调生活、游憩、教育、休闲等功能。我国的国家文化公园建设还强调文旅融合的发展职能，这个"融合"中必然有生态平衡和"美丽中国""人与自然和谐共生"的元素蕴含其间。而且，五大国家文化公园沿线大多数地域本身便是环境十分优美的旅游胜地，是养生的美好去处，如果不加以保护，并努力维护当地的生态平衡，国家文化公园将失去相应的依托和基础。

进一步论，有些国家文化公园自身便建立在生态文明建设的基础之上，如黄河国家文化公园、长江国家文化公园的沿线自身便是天然的"自然公园"，由此，生态效益的关切便是国家文化公园建设进程中的重要因素。新中国成立之初，毛泽东同志曾提出"要把黄河的事情办好"，表达了追求黄河生态效益的理念。习近平总书记在考察黄河时指出，要守住保护生态这一条底线："有始有终、锲而不舍抓好黄河生态保护工作。""继长江经济带发展战略之后，我们提出黄河流域生态保护和高质量发展战略，国家的'江河战略'就确立起来了。"[2]"江河战略"关系到人民群众的生存境况、生活状况。国家文

---

[1] 苗长虹：《文化遗产保护能够从自然保护中学到什么——以黄河国家文化公园建设为例》，《探索与争鸣》2022年第6期。
[2] 《大河奔涌，奏响新时代澎湃乐章——习近平总书记考察黄河入海口并主持召开深入推动黄河流域生态保护和高质量发展座谈会纪实》，《人民日报》2021年10月24日，第1版。

公园建设必然在国家"江河战略"之下运行，至少不得相互抵触。我国制定的"十四五"规划纲要便从上、中、下游三个领域，从水资源、污染防治、产业、交通、文化、民生等各个方面，对黄河流域生态保护和高质量发展作出全面系统、细致入微的安排，搭建起黄河保护治理的"四梁八柱"，这正体现了国家文化公园建设对生态文明建设的支撑作用，对国家"江河战略"的实践效应。对长江而言，习近平总书记指出："长江经济带覆盖沿江11省市，横跨我国东中西三大板块，人口规模和经济总量占据全国'半壁江山'，生态地位突出，发展潜力巨大，应该在践行新发展理念、构建新发展格局、推动高质量发展中发挥重要作用。"[①]如此重要的生态地位，倘若在国家文化公园的建设进程中失去了生态保护职能，丧失了生态文明建设的大好时机，无疑将损害人民群众的生命安全、身体健康，有违国家文化公园建设的根本宗旨。我们需要将修复长江生态环境摆在压倒性位置，对长江进行综合治理，综合协调考虑水环境、水生态、水资源、水案例、水文化和岸线等多领域、多方面的有机联结，从而推进整个长江与其支流的协同治理，整体上改善长江生态环境和水域生态功能，进而提升生态质量与稳定性。由此观之，长江国家文化公园建设中，生态效益的增进是一项重要职能。

总之，五大国家文化公园的建设中，生态效益显示出其应有的分量。我们不可再度重蹈"先污染后治理"的覆辙，而是要在建设中同步实施治理与保护，令各种效益均得到协调发展。

四、坚持社会效益、经济效益和生态效益有机统一

国家文化公园既要追求社会价值和社会效益，又要追求经济价值和经济效益，但我们不能单方面追求经济效益而忽视了社会效益，也不能纯粹追求社会效益而放弃了经济效益。任何追求单方面的价值的行为都不是辩证思维模式。事实上，经济效益与社会效益并不是孤立的、不相容的，而是相互交叉、相

---

① 《习近平在全面推动长江经济带发展座谈会上强调　贯彻落实党的十九届五中全会精神　推动长江经济带高质量发展》，《人民日报》2020年11月16日，第1版。

互促进的关系。在实现国家文化公园的经济效益时，同时必将产生一定程度的社会效益；社会效益的追求中也一定包含着经济利益的因素。因此二者的有机统一，是必然的、可行的、必要的。

文化资源的社会效益应当放在首位，同时统一经济效益和公益效应。比如黄河国家文化公园、长征国家文化公园均拥有集丰富的中华优秀传统文化、革命文化、社会主义先进文化资源于一体的优势，凸显出国家文化公园建设的社会公益性，充分彰显了文化传承属性，从而最大限度地满足人民更加丰富的文化生活需要。社会效益与经济效益相统一，则要求并非一味地杜绝文化的市场化与产业化创新发展，而是鼓励文化经济发展模式，将社会价值与经济价值有机地结合起来，鼓励社会资本参与到国家文化公园建设中来，通过投资、运营各环节的渗透，提高社会资本的有效利用，发挥社会资本的积极性，从而实现社会效益和经济效益的有效衔接。

就长征国家文化公园而言，社会效益和经济效益便可有机地统一起来。从社会效益看，长征文化线路跨越15个省级行政区，大约有2100个长征文物位置，可见得以保存的文物资源规模之庞大、类型之丰富。这些革命遗产、历史遗迹和红色文物无疑发挥着社会重要文化教育基础职能，产生了深远的社会效益，同时也将成为创造经济效益的重要载体。长征国家文化公园革命文物类别众多，涉及建筑、聚落、古镇、民居、交通设施、战争遗址、重大会议地点等不同类型，同时也有众多的可移动文物，诸如工业文化、红色标语、通信器件等这些文物所覆盖的物质遗产与非物质遗产，是人类文明史上的重要文化标识，既是中国历史文化遗产，又是世界文化遗产，因而具有重要的人类学、历史、文化和文明价值。作为文物陈列出来供中国人民和其他各国人民学习、鉴赏，从而可以获得相应的经济效益。

国家文化公园是以文化资源为支撑，保护利用文化遗产，传播国家优秀文化，满足国民精神文化需求的公共文化空间体系，与以自然生态保护为主的国家公园有着本质的区别。国家文化公园的文化性一方面体现在文化价值上，即其体现并彰显了国家民族文化精神、文化符号和文化认同。[①]这是国家文化公园建设的首要价值取向，也是国家文化公园所承担的重要职能。但我们决不可忽略文化资源的另一种价值：产业价值。近年来发展得十分迅猛的文化产业，走出了一条独特的经济发展之路。目前公布的长城、大运河、长征、黄河、长江本身或者其沿线包含了一大批重要的世界文化遗产和文物，有一些属于革命文物和遗址，这些既是中华民族精神的象征性符号，同时也是文化创新产业的重要阵地和不可多得的资源。将这些文化融入文化产品时，让人们在消费这些产品中去领略其中的文化韵味，从而受到良好的文化熏陶和教育。国际文化公园承载着"以文化之"的功能，通过文化产品制作可将文物保护、文化教育的职能融入进去，让人们在消费文化产品的过程中，实现公共服务、旅游观光、休闲娱乐等功能。由此，则实现了经济效益与社会效益的统一。

国家文化公园建设旨在加强国家高质量发展进程。"国家文化公园是我国文化领域新提出的战略性文化工程，是我国高质量发展进程中的重要文化空间"。[②]国家文化公园"为我国首创，国际上并无先例可循，是对国家公园体系的创新"[③]，"是中国遗产话语在国际化交往和本土化实践过程中的创新性成果，也是中国在遗产保护领域对国际社会做出的重要贡献。"[④]这一首创的外在表现，正在于以社会效益为主，实现经济效益与社会效益的有机统一，推进国家高质量发展的进程。

国家文化公园要贯彻新发展理念。新发展理念首先强调的是发展，并要求转变发展方式，转换发展理念，改变旧发展模式。未来，我国进入新发展阶段，重在强调高质量发展。国家文化公园被写进"十四五"规划和2035年远景目标，必然要重视"发展"，并以"新发展理念"为指引，与新发展阶段的高质量发展相契合。从这个意义上讲，国家文化公园的建设是未来新发展理念的重要内容。由此，这一建设任务必然要重视经济效益。但这个经济效益并非纯粹

---

① 钟晟：《文化共同体、文化认同与国家文化公园建设》，《江汉论坛》2022年第3期。
② 程遂营、张野：《国家文化公园高质量发展的关键》，《旅游学刊》2022年第2期。
③ 张凌云：《黄河国家文化公园创建的几点思考》，《中国旅游报》2021年7月20日，第8版。
④ 李飞、邹统钎：《论国家文化公园：逻辑、源流、意蕴》，《旅游学刊》2021年第1期。

地追求经济，或单纯地赚取利润，而是要站在人民立场上，为实现中华民族伟大复兴中国梦而追求经济发展。也就是说，要立足于国家强盛之基而发展经济。那么，文化软实力提升、文化价值观的弘扬这种国家效益、社会效益便必然成为国家文化公园建设的内在职能。由此，国家"十四五"规划和2035年远景目标中才提到"以社会价值为首，社会价值与经济价值相统一"的价值取向。

在新发展理念下，国家文化公园要遵循创新、协调、绿色、开放、共享的理念，要加强创新发展。这个创新，便是紧扣国家文化强国战略、高质量经济发展、文化教育与文化消费相统一、文化与旅游相融合、文化与科技相支撑、社会效益与生态效益相协调的理念，从而实现对文化遗产和文化资源的创造性转化和创新性发展。在发展中要协调文化职能、经济职能和生态职能，注重社会价值、经济价值与生态效益的互动，在三者之间寻求新的平衡，从而解决我国发展中不平衡、不充分的短板。以协调方式解决多领域、多部门、多区域、多层次之间的不平衡复杂关系，将保护与发展、公益与市场高度统一起来。就"绿色发展"而言，围绕国家实行的"碳达峰""碳中和"目标和"健康中国"战略，为人民群众提供持续健康而美好的生态生活空间，以满足人民美好生活的需要。这方面，要遵循"绿水青山就是金山银山"的发展理念，将经济效益、社会效益和生态效益有机地结合起来。"开放"发展理念在国家文化公园建设中得以贯彻，便是要适应世界人民对文化的热爱和美好生活的向往，"适应国际化和普遍化，促进世界文化之间的交往和文化多样性的保有与存续"[1]。从共享发展方面看，国家文化公园的建设要构成联结国家与社会、社会与市场、市场与人民生活之间的纽带，将共商、共建、共治结合起来，最终才能达成"共享"。共享要落实到全体人民对国家文化公园建设成果的享受，从而真正提高人民的获得感、安全感和幸福感。这里，为人民谋幸福的初心和使命得以彰显。

---

[1] 王学斌：《什么是"国家文化公园"》，《学习时报》2021年8月16日，第2版。

总之，五大国家文化公园的建设必然遵循新发展理念，将"红色文化"与"绿色经济"有机地融为一体，从而为创造丰富多"彩"的美好生活贡献力量，如此，社会效益必将得到同步的提升。

第四节　统筹规划和因地制宜相统一

一、国家文化公园建设要遵循统筹规划原则

国家文化公园是一个"国家战略"，因而必然要统筹规划。国家战略中，文化强国战略在国家文化公园建设中得以体现出来。文化强国是中华民族伟大复兴强国梦中之一"强"，但这一"强"并非单纯指文化，而是以文化为核心，统筹提升文化强国、科技强国、人才强国、数字中国、智慧中国、美丽中国等目标的实现。从国家强盛的实力上看，国家文化公园首要目标要归于文化强国和文化软实力、国家文化影响力的提升，方能增进文化强国地位。"国家文化公园要有高起点定位，宜突出'六个定位'，即中华文化基因库的仓储区、中华文化保护传承弘扬的核心区、中华文化高质量发展的承载区、中国文化形象展示的样板区、中国公共文化休闲的示范区、中国文旅深度融合发展的先行区"。[1]此"六个定位"正体现着国家文化公园建设的六方面统筹，显示出国家战略方位和国家建设一盘棋布局。

国家文化公园建设要体现"国家文化形象"统筹战略。国家文化公园是象征国家精神的重要载体。[2]国家文化公园建设寓意着国家作为整体文化形象和文化代言人，以新型载体和平台进行有效传播，并以讲好中国故事、传播好中国声音的方式向外输出。这一向外输出，正是以国家文化形象身份展现出来，代表着国家利益和国家形象，承担着国家话语能力传播的职能。国家文化公园既代表着国家意志，又代表着全体人民的意志，以文化形式塑造并宣扬国家

---

[1] 程遂营、张野：《国家文化公园高质量发展的关键》，《旅游学刊》2022年第2期。
[2] 范周：《国家文化公园建设塑造公共文化服务新标识》，《中国文化报》2018年6月26日，第3版。

整体形式,并以典型文化符号表达着国家实力强弱的标识,因而具有"国之大者"的战略地位。

国家文化公园建设要坚定不移地走法治化道路。目前批准的长城、大运河、长征、黄河、长江五大文化公园建设必然遵循统一的党的领导、遵循法治路径。"我们把'中国共产党领导是中国特色社会主义最本质的特征'写入宪法,完善党领导立法、保证执法、支持司法、带头守法制度,党对全面依法治国的领导更加坚强有力。我们完善顶层设计,统筹推进法律规范、法治实施、法治监督、法治保障和党内法规体系建设,全面依法治国总体格局基本形成"。[①]全面依法治国是"四个全面"战略布局之一,因而在中国共产党领导下,走法治化道路建设国家文化公园,必然体现统筹规划原则。历史和现实均告诉我们,传承中华优秀文化只有在法治轨道上前进,才能有真正的保障。五大国家文化公园都要加强文化遗产的保护,如何更为有效保护,只有走法治化道路。我们从革命、建设、改革的伟大实践中获得了丰富的治国理政经验,重要的一点便是探索适合自己的法治道路,同时借鉴国外法治有益成果,才能为建设国家文化公园取得新胜利提供强有力的法治基础。

国家文化公园建设要整体体现国家治理水平。国家治理包括社会治理、生态文明建设、公共文化场所建设,以便为人民谋幸福。"生态文明建设关系经济社会发展,关系人民生活幸福,关系青少年健康成长。加强生态文明建设,是推动经济社会高质量发展的必然要求,也是广大群众的共识和呼声。"[②]生态文明建设是国家文化公园建设的重要内涵,五大国家文化公园都有这一项建设职能。我们不能因为建设国家文化公园而破坏了当地的生态平衡,污染了当地的环境,尤其是旅游过程中对生态资源的保护,更是国家文化公园建设和治理进程中的重要一环。由此,国家文化公园在建设与管理的过程中,必然受到一

---

① 习近平:《坚定不移走中国特色社会主义法治道路 为全面建设社会主义现代化国家提供有力法治保障》,《求是》2021年第5期。
② 习近平:《贯彻新发展理念构建新发展格局 推动经济社会高质量发展可持续发展》,《人民日报》2020年11月15日,第1版。

些复杂矛盾和特殊问题的挑战,比如如何统筹城乡之间、区域之间、部门之间的利益关系,如何协调政府、社区、社会组织和市场之间的内在关系,如何平衡文化遗产保护与创新发展利用之间的复杂关系,如何处理好本地居民与外地游客、本国旅游与国外旅客之间的关系,如何应对内部凝聚精神动力与外部极力扩大文化影响力之间的关系等。对这些复杂矛盾问题的处理,要站在国家战略高度,坚持统筹规划的原则,才能真正让国家文化公园建设在国家战略中顺利前行。由此,必然需要统一国家文化公园的认定标准、管理职能、运行机制和法律保障等,这正是提升国家治理水平的关键环节。全面提升国家治理体系和国家治理能力,在国家文化公园建设进程中必然得以体现,唯如此,才能促进国家治理体系不断走向完善,也才能真正实现高质量发展的目标。

国家文化公园建设要体现人民思想。"必须坚持以人民为中心的发展思想,不断促进人的全面发展、全体人民共同富裕"。[①]这是国家文化公园建设中要秉持的统一原则。国家文化公园的建设要体现以人民为中心的发展思想,它托起的是人民幸福的梦想。中国共产党的初心和使命便是为中国人民谋幸福,为中华民族谋复兴,国家文化公园的建设,均要体现这一初心和使命,否则,建设国家文化公园便失去了其应有的价值。国家文化公园要保障人民的基本文化权益,为广大人民群众提供更多可进入的机会和更好的公共文化服务,依靠人民群众力量来规划、建设和管理,并把广大人民群众是否满意作为评判标准。[②]依据这一原则,我们可以动员社会广大力量投入建设和管理资金、主动参与到文化遗产的守护认领以及文化价值共创活动中来,一方面彰显出人民主人翁责任感,另一方面可以培养人民群众的文化自信,从而实现国家文化公园建设的社会效益。以人民为中心就是要以人民的美好生活为中心。国家文化公园的建设要紧紧依靠人民群众,决不能脱离人民而失去群众基础和民意根本,要将公园建设融入整个民族地区,与人民对美好生活的向往紧密联系起

---

① 《习近平谈治国理政》第三卷,外文出版社2020年版,第15页。
② 程遂营、张野:《国家文化公园高质量发展的关键》,《旅游学刊》2022年第2期。

来，充分体现"当代生活所散发的环境品质和人间烟火"[①]，将人民生活利益与国家文化公园建设融为一体。国家文化公园要以人民喜爱的方式，吸引人民群众参与到中华文化的传承与保护中来，在参与过程中推进文化的普及、文化供给的普惠以及文化公共休闲的均等，从而让人民群众真正体验到国家文化公园给他们带来的福祉，从而让人民从内心深处"爱"上这样的公园。

国家文化公园建设坚持保护第一、传承优先的统筹规划原则。"建设长城、大运河、长征国家文化公园，对坚定文化自信，彰显中华优秀传统文化的持久影响力、革命文化的强大感召力具有重要意义。要结合国土空间规划，坚持保护第一、传承优先，对各类文物本体及环境实施严格保护和管控，合理保存传统文化生态，适度发展文化旅游、特色生态产业。"[②]五大国家文化公园建设的首要职能是保护和传承，这是十分明确的不可违背的原则，否则便失去了建设国家文化公园的初衷，也不能实现弘扬中华优秀传统文化和实现社会主义文化强国的目标。文化遗产和文化资源是根本性的基础，我们只有立足于这一基础地位，才能建立国家文化公园的大厦。这是建设五大国家文化公园的共性。当然要保护的不仅是文化资源，而且包括生态资源等自然条件。

二、国家文化公园建设要遵循因地制宜原则

国家文化公园建设必然要在国家统筹规划指导下，按照五个文化公园所在区域和文化特色，遵循因地制宜原则。国家批准的五大国家文化公园居于不同地域，跨度巨大，拥有不同的文化资源，因而必然要建设适合自己区域文化资源特点和环境特点的文化公园。

从长城国家文化公园看，其独特的人文价值要求我们遵循因地制宜的原则进行建设。习近平总书记强调："长城凝聚了中华民族自强不息的奋斗精神和众志成城、坚韧不屈的爱国情怀，已经成为中华民族的代表性符号和中华

---

① 戴斌：《文化遗产的功能重构与价值实现》，中国旅游研究院文化旅游研究基地、河南文化旅游研究院《中国文化旅游发展报告2018》，中国旅游出版社2019年版，第2页。
② 习近平：《紧密结合"不忘初心、牢记使命"主题教育　推动改革补短板强弱项激活力抓落实》，《人民日报》2019年7月25日，第1版。

文明的重要象征。要做好长城文化价值发掘和文物遗产传承保护工作，弘扬民族精神，为实现中华民族伟大复兴的中国梦凝聚起磅礴力量。"[1]长城被列入了世界文化遗产名录，素有"上下两千年，纵横数万里"之称。建设长城国家文化公园旨在充分利用这一独特的文化资源，充分展现中华民族的灿烂文明，坚定文化自信、自强不息的奋斗精神与坚贞不屈的民族性格、众志成城的爱国情结。1987年12月11日，在法国巴黎举办的世界遗产委员会第11届全体会议上，长城以其丰富的历史文化内涵以及无可争议的历史地位，获得所有评委的全票通过，从而成为我国第一个列入世界文化遗产名录的遗产项目。长城是中华民族的精神符号，是中国对外讲好中国故事的窗口和实地景观。"从'备边境，完要塞，谨关梁，塞蹊径'的长城萌芽出现，到'峻垣深壕，烽堠相接''筑石垣，深壕堑'的长城体系不断完备，两千余年的风烟翻涌熔铸成如今的蜿蜒巨龙。今天的长城，承载着守望和平、开放包容的时代精神，承载着平等互助、互相尊重的团结友好精神，迎接着来自五湖四海的朋友"。[2]2021年7月，在福州举办的第44届世界遗产大会上长城被列为世界遗产的保护范例，长城向全世界贡献了文化遗产保护的中国经验和中国智慧。这一特色注定了长城国家文化公园在世界文化遗产中的魄力，应当塑造以民族精神、和平文化并促进国际友好文化交流为主要亮点的文化品性。不仅如此，长城国家文化公园分区域地段，依然遵循因地制宜的特征。比如，北京于2020年2月启动《长城国家文化公园（北京段）建设保护规划》编制工作，确定"中国长城国家文化公园建设保护先锋队""服务首都及国家对外开放文化金名片"为长城国家文化公园北京段的形象定位，从而充分发挥北京首都职能和精神文化风貌。这一定位便非常恰当地做到了因地制宜的建设原则。同样，河南段、山东段、山西段、辽宁段等均相继出台了地方的"长城保护办法"和建设办法，充分表达了因地域不同、文化色彩不同而建设不同文化景观的大手笔。

---

[1] 习近平：《坚定信心开拓创新真抓实干　团结一心开创富民兴陇新局面》，《人民日报》2019年8月23日，第1版。
[2] 王铭、赵振烨：《京津冀多维联动发展：北京长城文化带建设新画卷》，《新视野》2022年第2期。

就长征国家文化公园而论，其文化资源具有多样性、丰富性、历史性特点。长征国家文化公园的革命文化资源丰富多彩，既具有国家文化遗产名录收录的国宝级文物，又具有红军路、红军井、红军树、红军坟、红军村等众多尚待列入国宝文物的文化资源，还具有彰显长征精神的非物质文化遗产和历史文化记忆。尤其是长征精神，是长征国家文化公园所独有的，区别于其他四个国家文化公园的文化遗产特点。长征精神乃中国共产党人精神谱系的重要内涵，滋养着社会主义核心价值观，是革命文化的灵魂所在，因而必然是进行爱国主义教育和历史名胜文化旅游的重要阵地。长征国家文化公园所拥有的红色文化资源，正契合着文旅融合的国家文化公园的建设主题，同时又是开展红色旅游从而实现文旅融合的重要路径。长征沿途富有体量十分庞大、种类十分丰富的革命文化资源，体现了在长征国家文化公园建设背景下开设红色旅游，以期实现革命教育、精神熏陶、爱国主义教育职能的适宜性。由此，红色旅游正是长征国家文化公园因地制宜的建设内容。"长征国家文化公园应是文旅融合的示范区，建设长征国家文化公园展现出文化与旅游融合的强大生命力。一方面，长征国家文化公园建设为红色旅游提供方向和思路……另一方面，红色旅游开发能促进长征国家文化公园的建设。国家文化公园建设不仅强调文物保护利用开发，也侧重弘扬长征精神、传承红色基因、增强文化自信、促进区域经济发展等目标。"[1]"传承红色基因，讲好长征故事"必将成为长征国家文化公园的核心所在，是我国对外讲红色故事的重要窗口，也是该公园的重要特色和亮点，具有让革命文化充分发挥其应有作用的独到之处。

长征国家文化公园文化资源丰富，其生物多样性、地质多样性、景观多样性，也构成了其独到的另一特点，因而在建设国家文化公园时宜根据这一特点进行因地制宜的布局。整个长征线路从江西和福建出发，一直通往陕北地区，从中国东南到西北，跨越了大半个国土面积，其所穿越的区域，恰好是我国中西部地形地貌的转换地区，也是我国少数民族文化和地域文化最为丰富、多元

---

[1] 王庆生、明蕊：《长征国家文化公园建设及其国家认同研究：基于文旅融合视角》，《中国软科学》2021年第1期。

和多彩的地区。区域内拥有其他四个国家文化公园无可比拟的独特优势。在地貌外观上，长征沿线穿过了丹霞地貌、喀斯特地貌、冰川高原、草甸以及黄土高原，穿越了一系列人文与地理特色的不同区块。正因如此，中办、国办印发的《长城、大运河、长征国家文化公园建设方案》中从中央的角度明确了"总体设计，统筹规划"和"因地制宜，分类指导"的建设原则，依据各地不同的自然条件和历史文化优势，因地制宜地对管理模式进行地域化的传承、保护和创新。比如，在文化和旅游部统一指导下，贵州遵义和云南迪庆藏族自治州发挥了因地制宜的模范带头作用，聚焦于自身突出的长征红色基因，建设了长征国家文化博物馆、遗址公园等标志性展示设施。这些均是因地制宜的代表性成果，合理、有效、恰当地利用了长征沿线的独特资源价值，实现了资源的合理配置。

就黄河国家文化公园而论，沿线拥有自己独特的、不可替代的文化魅力。黄河文化着重体现在中华民族传统文化上面，其内涵之广博，体现了中华文明的源远流长，彰显出数千年居住在黄河流域的人与自然、人与他人、人与自身之间长期互动共生的文化统一体，表征着黄河流域"人化自然与自然人化"的人文化成结晶。习近平总书记指出："九曲黄河，奔腾向前，以百折不挠的磅礴气势塑造了中华民族自强不息的民族品格，是中华民族坚定文化自信的重要根基。……黄河文化是中华文明的重要组成部分，是中华民族的根和魂。要推进黄河文化遗产的系统保护，守好老祖宗留给我们的宝贵遗产。要深入挖掘黄河文化蕴含的时代价值，讲好'黄河故事'，延续历史文脉，坚定文化自信，为实现中华民族伟大复兴的中国梦凝聚精神力量。"[1]这一论述概括出了黄河文化的精髓和核心，千百年来，奔腾不息的黄河同长江一道，为中华民族和中华文明的成长与发展作出了巨大贡献，是中华传统文化的标志所在。在中国社会发展进程中，黄河有着"善淤、善决、善徙"的历史，道出了黄河的忧患困难故事。自古有"黄河宁，天下平"的谚语，表达着华夏儿女治理黄河的艰辛和勤劳的民

---

[1] 习近平：《在黄河流域生态保护和高质量发展座谈会上的讲话》，《求是》2019年第20期。

族性格,"团结、务实、开拓、拼搏、奉献"的黄河精神早已根植于中华民族自强不息的民族精神。这些民族精神、民族性格、民族文化为建设黄河国家文化公园提供了独特的契机。由此,黄河国家文化公园的建设必然聚焦于黄河文化所蕴含的生存方式、生产方式、生活方式,以及当地人的行为准则、文化价值观念、典章制度、民间传说、宗教礼法、风俗习惯等领域的开发、传承、创新,以填充文化旅游的内涵。"择优选择一批能够充分展示黄河文化独具特色的自然地理、文明起源、红色文化、民族融合、人文史迹、水利遗产等足以支撑中华民族根与魂的山水文化景观和标志性文化遗产,作为黄河国家文化公园建设保护的支撑实体,加快建设黄河国家博物馆、黄河文化博物馆、中国彩陶博物馆、黄河流域非物质文化遗产保护展示中心、济南泺口黄河铁路大桥核心展示园、黄河悬河文化展示馆等一大批重点工程。"[①]

总之,五个国家文化公园分布于祖国的大江南北不同地域,因所缔造的文化代表着不同时代、不同空间人民进行生产劳动所展现出来的生产方式、生活方式,因而造就了各具特色的文化资源。这一方面为我们建设统一的国家文化公园提供了"大文化"精神力量,另一方面又为不同文化资源展示不同风采铺设了多姿多彩的文化性质。这既是我们建设国家文化公园的特点,同时又是优势,蔚为大观的国家文化公园必将在中国大地上向世界传播着多样性、一体化的中国精神和中国智慧。

三、国家文化公园的统筹规划和因地制宜的统一

国家文化公园的建设一方面要坚持统筹规划,另一方面要因地制宜,二者不可偏废,要将其有机地结合起来,从而达到和谐统一、协调发展的良好局面。从国家文化公园建设的规划而言,全国做到一盘棋,遵循国家战略指导方针,在国家宏观战略构想之下开展建设与管理工作。但同时又不能搞一刀切模式,这是由于五大国家文化公园所处的地理环境、文化意义、历史价值等都存

---

① 张祝平:《黄河国家文化公园建设:时代价值、基本原则与实现路径》,《南京社会科学》2022年第3期。

在各自的差异,如果实现一刀切模式,便显得过于简单化和粗暴化。全国一个模子,反而落于俗套,效果适得其反。我们所指统筹规划,并非要让每一个国家文化公园都被一个模型所架构,而是要使国家文化公园的建设活动和管理活动在领导力量上、精神动力上、战略方向上保持一致,不能因地域性不同而有所差异。

第一,将统筹规划与鼓励先行相统一。国家文化公园建设的目的在于提振中华民族的凝聚力和中国人民的文化自信力,因而其承担着重要国家意志使命,担负起保护文化遗产、传承与弘扬中华民族文化、革命文化和社会主义先进文化的历史重任。"要在国家层面强化引领作用,突出顶层设计,在统一文化主题、统一管理体系、统一建设标准、统一建设标识等方面下功夫,协同推进黄河国家文化公园建设,提升对沿线文化资源的统筹整合能力。"[①]一些国家文化公园的建设工程十分宏大,比如黄河国家文化公园将跨越9个行政省(区),因而其建设必然要以高水平、高质量来保障,但同时又要遵循我国文化工作所划定的行政区域差异,文化管理的属地原则、分级管理原则,以及在内容上要求的分类管理和行业管理的不同特征,并顺应这些特征而展开工作。就黄河国家文化公园而言,黄河流域地域宽广,时空跨度比较大,具有流域长的特点,各地的文化资源迥然相异,其经济发展状况差别较大,具有发展不平衡性。依据这些特点,应当在国家宏观战略统筹之下,各省、各流域文化地段秉承属地原则,充分调动不同流域人民的积极性,充分利用当地自然资源、文化资源、经济发展优势,因地制宜,鼓励并支持沿线相关地区依据各自的特点,突出当地文化特色和地理风貌,实施各自的建设方案,甚至可以鼓励先行或先试。每一个国家文化公园都具有其自己的特殊性,因而需要在国家统筹规划之下,突出自己的亮点。如此,方可既显示出国家文化公园的统一性,同时又体现出各自的差异性和各自的特色、优势、鲜亮本色。

第二,将保护文化资源与文化发展有机地统一起来。保护文化资源是国家

---

① 张祝平:《黄河国家文化公园建设:时代价值、基本原则与实现路径》,《南京社会科学》2022年第3期。

文化公园建设的一个重要目的,我们要保护的是历史上具有重要价值的、能够彰显中华民族文化精神与核心价值的文化载体。也就是说,在国家文化公园建设的统筹规划中,强调文化保护属于首位,通过保护,将文化遗产世代传承,令子孙后代通过参观、体验而感悟民族精神、弘扬民族气节,使该文化资源成为全民族、全人类共同珍视的不可再生的共同遗产。保护也就是要保持文化资源的完整性、真实性、多样性。但保护并不意味着不允许合理开发,相反,应当提倡在合理范围内开发文化资源,推进文化发展。"一方面,合理利用是对文物最好的保护,没有利用的保护实为机械化的保护;另一方面,建设国家文化公园的目的是传承优秀传统文化,如果把这些文化遗产都'锁起来',不利于增强广大人民群众对中华文化的认同感"。[①]在保护原有文化资源的自然状态下,应当借助先进科技手段对其加以创新性开发,以创新性文化产品满足人民消费需要,以高质量文化产品教育人民群众,以便增强文化资源的多样性、参与的生动性和体验的趣味性,从而使国家文化公园可以更加多元、立体甚至以更加亲近的方式展现自己的形象。长征国家文化公园和黄河国家文化公园沿线地域文化遗产众多,其时空跨度较大,对其加以保护的难度因而显得十分复杂,部分地方的文化遗产遭到了自然风雨侵蚀而有所损坏,部分非物质文化遗产受到现代生产方式和生活方式的影响而面临传承乏人、难以传承等问题,部分项目还有"人亡艺绝"的风险,文化遗产面临着严峻的挑战,一些项目由于缺乏合理的开发意识和发展战略,使得这些文化遗产的创新发展与合理开发能力有待提高。诸如此类的差异化的文化遗产特点,不仅需要有效的保护,而且需要进一步开发,与时代结合、与现代生活方式结合起来,只有创新性发展,才能将其有效地传承下来,从而达到国家文化公园传承文化资源的目的。当然,开发与发展必须在保护的首要条件下进行,充分融入高科技,做到合理性开发、创新性发展,而不是"破坏性"的开发,否则就会超越保护与传承的合理的"度"。

---

① 张祝平:《黄河国家文化公园建设:时代价值、基本原则与实现路径》,《南京社会科学》2022年第3期。

第三，将普遍性与个别性相统一。普遍性是国家文化公园建设均必然遵循的大原则、大方针、大战略，个别性则要求国家文化公园的建设要依据自己本身的文化遗产特点，开展属于自己特色的公园建设活动。长城、大运河、长征、黄河、长江均具有跨区域的线性特点，它们均由多个文化点所组成，由点及面，形成了相应的国家文化公园形象。在时空跨度上，每个文化遗产节点由于拥有相同的主题而构成了线性文化遗产的综合性特征。由此，在国家文化公园的建设中，需要规划先行，对每一文化遗产节点制定一个综合性的具有总体风格的定位。同时，针对不同文化遗产节点所在时空的特点，结合当地文化资源与地域条件、区域经济发展状况，制定出因时因地的不同发展指引。在此意义上，一方面可以保证国家文化公园有一个统一的基调、标识，有统一的基础建设尺度；另一方面又可使各地域不同的文化底色和特色得以尽量显现出来，构成一系列各具特色的文化亮点，并展现各地自己的品牌效应。就长征国家文化公园而言，"一方面，强化全国全线路一盘棋、上下区域协调联动、统筹推进建设，科学统一规划、统一标识、统一品牌形象、统一宣传推介，保持主色调、主标识和'文化品牌'等相对统一，充分体现长征文化的整体性和连贯性，提升长征国家文化公园整体品牌影响力。另一方面，充分考虑长征沿线地域广泛性和文化多样性、文化资源和文物遗产在形态上的差异性，打造具有鲜明地方特色的长征国家文化公园。"[1]长征国家文化公园在文化资源构成上具有以点串联、文化种类丰富、地域规模巨大、各文化节点关联性强等特点，其保护、管理和利用工作中牵涉众多的行政管理部门和社会群体，构成了一个十分复杂的遗产治理体系。对于这个复杂体系的建设与治理，绝非简单的大一统思维，而是要始终坚持战略思维、创新思维、辩证思维、因地制宜思维。比如，每个国家文化公园建设应强调政治性，从而发挥文化宣传和思想政治教育功能，在这一思维模式下，需要因地制宜地在不同的国家文化公园设置不同的干部培训学院或红色文化、传统文化研学教育基地，使各个公园均成为相应的地域文化遗产及精神研

---

[1] 钟小武、吴晓荣：《建好长征国家文化公园 打造中华文化重要标识》，《光明日报》2021年2月19日。

究、宣传与教育的现实阵地。由此，国家文化公园建设活动中，我们需要建构起将中央领导指引与地方积极性相协调、国家战略和国家意志与地方创造性相协调、保护与开发相协调、统筹规划与因地制宜相协调的有机统一机制。

第四章
CHAPTER 4

国家文化公园建设的战略价值

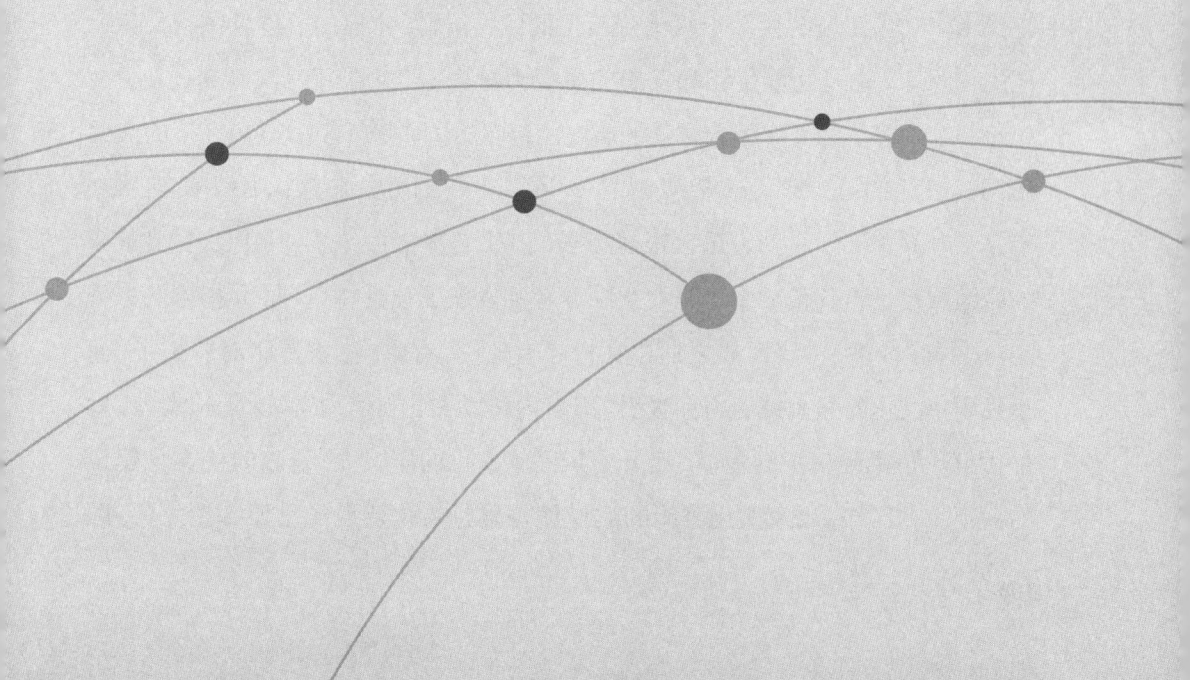

《长城、大运河、长征国家文化公园建设方案》中明确了国家文化公园建设以习近平新时代中国特色社会主义思想为指导,以"生动呈现中华文化的独特创造、价值理念和鲜明特色"为目标,以"保护优先,强化传承"为原则,充分体现中华民族伟大创造精神、伟大奋斗精神、伟大团结精神、伟大梦想精神。本部分将围绕国家文化公园的战略价值,以"五位一体"为逻辑顺序,重点论述国家文化公园在缔造人民美好生活、建设文化强国、铸牢中华民族共同体意识、培育和弘扬社会主义核心价值观、建设美丽中国、推进文旅深度融合、开辟世界国家文化公园建设的新道路等方面的重要价值。

第一节 国家文化公园建设的文化价值

国家文化公园的文化处于核心地位,它是区别于普通意义上的公园标志,也是区别于国家公园的标志。所以国家文化公园,强调的是文化的传承创新与发展。正是出于提升中国文化软实力的目的,才提出了国家文化公园的概念。正是由于文化在新时代对于政治经济上的巨大作用,才提出了建设国家文化公园的构想。文化是民族生存和发展的重要力量。人类社会每一次跃进,人类文明每一次升华,无不伴随着文化的历史性进步。中华民族有着5000多年的文明史,近代以前中国一直是世界强国之一。在几千年的历史流变中,中华民族从来不是一帆风顺的,遇到了无数艰难困苦,但我们都挺过来了,其中一个很重要的原因就是世世代代的中华儿女共同孕育和发展了独具特色、博大精深的中华文化。古往今来,中华民族之所以在世界有地位、有影响,不是靠对外扩张,而是靠中华文化的强大感召力和吸引力。对内树立文化自信,提高文化软实力,对外做好中华民族精神的阐释,提升中华民族文化的影响力,是新时代文化建设的一项重要工作,国家文化公园的建设就是推进文化建设的重要举措之一,国家文化公园建设在文化价值方面的体现主要有如下几个方面：

一、强化中华文明的重要标识

国家文化公园通过对公园沿线地区蕴含的中华民族精神的挖掘和凝练，通过再现的形式发挥它的文化认同价值和实践动力作用，有利于唤醒中华民族的自觉，增强国民的文化自信，同时对外起到增强中国文化对外影响力、强化中华文明标识的作用。

中华优秀传统文化是中华民族的精神命脉，是涵养社会主义核心价值观的重要源泉，也是我们在世界文化激荡中站稳脚跟的坚实根基。中华民族伟大复兴，虽然需要吸收人类文明的一切优秀成果，但更离不开对中华优秀传统文化的传承和发展，它是中华民族文化的源泉，这是发挥国家文化公园文化传承功能的重要意义所在。

国家文化公园建设之所以能够提升国民的自信，源于中华民族有优秀的传统文化底蕴，源于中华民族在中国革命、建设、改革的伟大实践过程中孕育的革命文化和社会主义先进文化。国家文化公园被打造成为这些优秀传统文化继承和发展的载体，起到夯实文化建设根基、凝聚中华民族生生不息的民族精神的作用。

我们博大精深的优秀传统文化，一直是中华民族奋发进取的精神动力，是我们引以为豪的文化自信的强大底气。这种由文化积淀而成的文化底蕴，已浸润于每个国人心中，成为日用而不觉的价值观，构成中国人的独特的精神世界。

从井冈山精神、长征精神、延安精神、西柏坡精神，到雷锋精神、大庆精神、"两弹一星"精神，再到航天精神、北京奥运精神、抗震救灾精神，这些富有时代特征、民族特色的宝贵财富，脱胎于中华民族优秀文化传统，同时又在新形势下不断进行着再生再造、凝聚升华，从而再次充实我们文化自信的内容，成为强化中华文明标识的重要文化底蕴。

面对世界多元文化的冲突和差异、面对西方敌对势力的文化侵略，坚持本国文化自信，维护本国文化主权与安全，掌握文化上的话语权，对外做好中国文化阐释，消除误解，强化文化标识，促进文化认同，是时代的需求，也是一项非常重要的工作。国家文化公园的建设就是要担负起这样的文化复兴的重任。增强文化自觉和文化自信，进而推动道路自信、理论自信、制度自信的树立是国家文化公园建设的一项重要任务。当我们把长城、大运河、长征、黄河、长江作为一个整体来代表中华民族的精神标识和文化符号时，中华民族的精神就同具体的载体融合在一起，成为中华文化的标识，在展示与传播中，慢慢会成为中华民族最为突出的普遍价值并得到全球范围的认可。准确地定位国家公园所代表的精神标识，在国家文化公园的建设中，把这种精神以具体形象、合理的形式展现出来，就会激发民众对这种文化精神的高度认同，从而在实践中发挥文化在促进经济和政治发展与完善中的积极作用，提升国民的文化自信。

二、发展社会主义先进文化

《中华人民共和国国民经济和社会发展第十四个五年规划和2035年远景目标纲要》（以下称《纲要》）明确提出未来中国文化建设的目标：发展社会主义先进文化，提升国家文化软实力。建设国家文化公园，是深入贯彻落实习近平总书记关于发掘好、利用好丰富文物和文化资源，让文物说话、让历史说话、让文化说话，推动中华优秀传统文化创造性转化和创新性发展、传承革命文化、发展先进文化等一系列重要指示精神的重要举措，也是贯彻、落实和实现《纲要》的具体措施。

《长城、大运河、长征国家文化公园建设方案》中提出了国家文化公园建设的原则：文化引领，彰显特色；坚持社会主义先进文化发展方向，深入挖掘文物和文化资源精神内涵，充分体现中华民族伟大创造精神、伟大奋斗精神、伟大团结精神、伟大梦想精神，焕发新时代风采。所以，国家文化公园在传承中华民族文化的基础上，还要发挥文化引领的作用。在新时代，文化引领作用的发挥，必须坚持社会主义先进文化发展方向，做好如下几项工作：

一是处理好优秀传统文化与社会主义先进文化的关系。社会主义先进文化同中国优秀传统文化并非割裂的关系,而是对中华优秀传统文化的传承和发展,所以,国家文化公园所展现的是优秀传统文化和社会主义先进文化的相互贯通融合的结晶。在坚持社会主义先进文化时,首先要突破传统和现代对立的历史观和文化观。从人类文明史来看,历史和文化的血脉是不能割断的。既要坚持现代文明的文化特征,又要避免受到传统与现代二元对立的历史观和文化观的影响。现代中国来自传统中国,中国传统文化不可避免地要深刻影响到现代和未来的中国,所以关键是要做好优秀传统文化的创造性转换和创新性发展,以时代精神激活中华优秀传统文化的生命力,这是文化传承发展工程的重要使命,也是国家文化公园发挥文化引领作用、发展社会主义先进文化必须处理的问题。

二是从优秀传统文化中汲取营养,激活生命力。中华优秀传统文化是我们最深厚的文化软实力,也是中国特色社会主义植根的文化沃土,是中国文化发展的源泉和根基,是中华民族的精神命脉。要努力从中华民族世世代代形成和积累的优秀传统文化中汲取营养和智慧,延续文化基因,萃取思想精华,展现精神魅力。建设国家文化公园就是要把汲取的文化营养积蓄在公园这个肥沃的土壤中,使观众在游览参观中,自觉以时代精神激活中华优秀传统文化的生命力,让它在新时代中发挥生命的活力。

三是处理好把握好中华优秀传统文化的结构体系。中国传统文化演进数千年,内容丰富、体系庞杂,各部分的重要性和可普及性不同。依托国家文化公园推进文化传承发展工程,要注意找准国家文化公园与所传承文化之间的契合度,长城所蕴含的爱国主义精神、大运河所承载的民族文化的融合、长征所蕴含的革命文化,都是中华民族优秀文化的核心价值,所以,在国家文化公园建设中要努力在各种内容和形式的文化传承活动或景观设计中,既贯穿中华优秀传统文化的核心价值,又针对性地展示中华优秀传统文化的不同方面,做到统一和多元相结合。开展中华文明探源、中华文化资源普查,进一步挖掘中华文明中的优秀传统文化,并把它同时代结合起来,推动社会主义先进文化的传播,从而发挥国家文化公园在坚持中国道路、凝聚中国力量方面的作用和价值。

四是促进优秀传统文化与社会主义先进文化融合。社会主义先进文化的发展,从根本上说,取决于其核心价值观的生命力、凝聚力、感召力。要切实把社会主义核心价值观贯穿于国家文化公园的方方面面。要充分发挥学校、大众传媒、新媒体等媒介载体在国家文化公园文化传播方面的功能,深入发掘国家文化公园沿线历史文物、文化博物馆、红色革命遗址、历史文化名城名镇名村等载体的文化传播和传承功能;积极利用最新的科技手段传播优秀传统文化和社会主义先进文化,使游客在游览国家文化公园时能够沉浸式感受、理解优秀传统文化和社会主义先进文化。

三、提升国家文化软实力

建成文化强国,必须提升文化软实力。随着科技的进步、文明的发展,文化已与经济、政治以及社会生活方方面面融合在一起,成为直接影响国家经济社会发展水平的重要因素。"十四五"期间,我国把增强文化软实力放在全局工作的突出位置。建设国家文化公园也是提高文化软实力、对外展现中国文化影响力的重要举措。

一是通过建设国家文化公园凝心聚力,提升文化软实力。中华优秀传统文化和先进的社会主义文化只有为群众所掌握、所认同,才能够转化为强大的感召力和影响力。中国文化在当代西方各种强势文化的影响下进行自我定位和自我构想、自我展现,这实际上也就是一个争取自主性,并由此参与到世界文化和世界历史中去的问题,这反映出一个民族的根本性抱负和自我期待。"全球化"问题可能为中国知识界的思考提供了一个很好的切入点。如果做得好的话,就可以扭转以往那种单纯地认为现代化就是西方化、现代化就是反传统的思维方式。国家文化公园建设明确了一种态度,一种对中国传统文化和社会主义文化的自信的态度。有了自信,还要把这种自信转化为文化认同,转化为文化力量,一种推动经济、政治乃至文化自身发展进步的力量,这就是文化软实力。国家文化公园建设就是要起到这方面的作用和价值,展示只是激发文化力量的手段，提升软实力才是目的。

二是通过建设国家文化公园，弘扬社会主义核心价值观，提升国家文化软实力。国家文化公园建设就是要推动中华优秀传统文化创造性转化。社会主义核心价值观是对中华优秀传统文化的继承和发展，凝聚了中华优秀传统文化和人类文明的优秀成果，是当代中国精神的集中体现。建设国家文化公园，就是要通过挖掘传承中华优秀传统文化，弘扬社会主义核心价值观，凝聚中华民族伟大复兴的磅礴力量，提升国家文化软实力。国家文化公园也是爱国主义教育的重要阵地，肩负着传播社会主义核心价值观、发展社会主义先进文化的重任。社会主义核心价值观是中国文化认同的价值观，是中华民族自身文化身份的体现，是中国自立于世并区别于其他文化的最根本的标志，体现着文化的民族性、先进性和强大生命力，国家文化公园建设就是要弘扬和展现这种核心价值观，激发核心价值观的向心力和凝聚力，提高国家文化竞争力。国家文化公园建设更是对外展示社会主义核心价值观、扩大中国文化对外影响力、推进世界文明进步的一个窗口。社会主义核心价值观是中国特色社会主义文化的本质体现，其中所包含的人类命运共同体的价值观，也是世界人民共同追求的价值取向，国家文化公园建设在构筑中国精神、中国价值、中国力量的同时，也在彰显着社会主义核心价值观在推动整个世界文明进步中的价值和作用，国家文化公园建设，就是要发挥好这种作用，激发核心价值观的吸引力和感召力，让更多的外国人了解、接受和认同社会主义核心价值观，发挥好其对外展现中国文化软实力、增强对外文化认同度以及世界影响力的作用和价值。

三是通过建设国家文化公园传播好中国声音，提升国家文化软实力。中国文化的软实力还在于国外对这种文化的认同和接受。就如欧洲一体化进程中一样，欧盟强制或引诱非欧盟成员国的人们对他们的价值观念进行认同，实质上是欧盟等西方价值观念的对外输出和普遍化扩张，其根本目的是为西方资本和商品的全球自由流动鸣锣开道。这种性质的价值认同，是不可持久的，并在当代引发了全球范围内西方价值观念与非西方价值观念的普遍而激烈的冲突。与此不同，中国特色社会主义文化的对外吸引力是建立在中外文化平等交往的基础上的,我们在这种平等的文化交往中所追求的价值共识是对于反映人类共同的价值观念的认同和对于中国文化的特殊价值观念的认同的统一,是两种不同性质的文化观念,这种文化观念具有很大的对内凝聚力和对外吸引力。所以说,国家文化公园是展现中华文化的精神内涵、思想价值,开展对外文明交流对话的一个窗口,通过这个窗口,可以让更多的人了解中国的文化,是消除误解和偏见的一种渠道,通过国家文化公园的参观游览,可以吸引世界各方人士了解进而喜爱中国文化,从而增进各国民众对中国文化的认同进而内化为推动人类文明发展的动力,推动整个人类文化的发展和繁荣,促进中华文化坚定自信地走近世界舞台的中央。

四、推进社会主义文化强国建设

文化兴国运兴,文化强民族强。实现中华民族从站起来、富起来到强起来的伟大飞跃,必然伴随着中华文化大发展大繁荣,必然召唤着建设社会主义文化强国。党的十八大以来,我国文化建设在守正创新中取得历史性成就、发生历史性变革,呈现出文化更加繁荣、蓬勃发展的生动景象。但是,要想真正实现中华民族伟大复兴,必须加快建设与我国深厚文化底蕴和丰富文化资源相匹配、与新时代中国特色社会主义事业总体布局和战略布局相适应、与建设富强民主文明和谐美丽的社会主义现代化强国相承接的社会主义文化强国,而国家文化公园着眼于新的时代文化强国发展的需要,又扎根于中华民族优秀的传统文化底蕴,不断汲取中华民族优秀的传统文化精髓,在传承中不断创新,推动中华文明的发展和进步,是推动社会主义文化强国的一项重要举措。

现在,我国正处于实现中华民族伟大复兴的关键时期,我们比以往任何时候都更加需要坚定的信心、统一的意志,更加需要文化的引领、精神的支撑,国家文化公园所承载的优秀和先进的社会主义文化正在起着引领和支撑作用,它是在新的历史起点上推进文化强国建设的一项举措。国家文化公园建设在推进社会主义文化强国方面的价值主要体现为如下几个方面:

一是巩固马克思主义在意识形态领域的指导地位。任何一种意识形态,任何一种文化，都有一个占据统摄地位的旗帜和灵魂。国家文化公园展示和传承的是社会主义的意识形态，是社会主义的文化，其旗帜和灵魂就是马克思主义。所以在建设国家文化公园的过程中，要想真正发挥其在推进文化强国中的作用和价值，就必须牢牢把握住社会主义文化方向，坚持中国共产党的领导，坚持走社会主义道路，我们建设的文化一定是社会主义文化，这就从根本上决定了国家文化公园的文化建设理念都必须毫不动摇地坚持以马克思主义为指导思想。要坚定信仰、保持定力，把坚持马克思主义在意识形态领域指导地位的根本制度贯彻到国家文化公园建设全过程各领域，使坚持和发展马克思主义始终成为主旋律、最强音。习近平新时代中国特色社会主义思想是当代中国马克思主义、21世纪马克思主义，是党和国家必须长期坚持的指导思想，要坚定不移用这一思想武装头脑、指导国家文化公园建设实践。自觉地用习近平新时代中国特色社会主义思想指导新时代国家文化公园建设，就是要落实到把握好文化的方向导向、创新建设的思维思路、改革管理的体制机制等各方面，把国家文化公园打造成为文化守正创新、固本开新，具有强大凝聚力和引领力的社会主义意识形态，促进全体人民在思想上精神上紧紧团结在一起，从而发挥其在推进社会主义文化强国方面的价值和作用。

二是发挥社会主义核心价值观文化引领作用。马克思主义理论是国家文化公园建设的指导思想，而国家文化公园所蕴含的核心价值观是决定文化性质和方向的最深层要素。一种文化能不能立起来、强起来，关键取决于贯穿其中的核心价值观。社会主义核心价值观既凝结着全体人民共同的价值追求，又蕴含着社会主义现代化的价值目标，是当代中国精神的集中体现，是凝聚民心、汇聚民力的强大力量。推动国家文化公园建设，必须抓住社会主义核心价值观建设这个根本，充分发挥其主导和引领作用。要坚持把培育和践行社会主义核心价值观作为凝魂聚气、强基固本的基础，把弘扬民族精神和时代精神作为国家文化公园建设的重中之重，在游览的过程中强化教育引导，在游览后强化实践养成，通过国家文化公园建设夯实全民族全社会休戚与共、团结奋进的思想道德基础。要把社会主义核心价值观融入国家文化公园文化资源的建设、公园文化产品创作生产传播全过程，贯穿到国家文化公园保护、开发、利用全过程，使之与国家文化公园沿线经济社会发展和人们生产生活方方面面相结合，更好构筑中国精神、中国价值、中国力量。

三是担当起兴文化、育新人、聚民心、展形象的使命和任务。一个时代有一个时代的文化使命任务。国家文化公园在传承中国优秀传统文化的基础上，还担负着新的历史使命。在革命、建设、改革各个时期，我们党总是根据自己的历史使命和中心任务，结合时代提出的重大课题，从全局上、战略上赋予思想文化工作应当肩负起的使命任务。举旗帜、聚民心、育新人、兴文化、展形象，是以习近平同志为核心的党中央立足中国特色社会主义进入新时代这个新的历史方位，着眼于充分发挥文化在推进伟大斗争、伟大工程、伟大事业、伟大梦想中的重要作用提出来的。当前的国家文化公园建设就是要担负起这些使命。国家文化公园作为中华民族文化继承与创新的载体，其建造过程，就是举旗帜、兴文化的过程。国家文化公园在运行过程中，会发挥其育人功能，将优秀传统文化、先进的社会主义文化转化为个人的文化修养和品质，这种统一的文化又会产生强大的号召力和感召力，起到聚民心、兴文化的作用，这将在国家文化公园中凝聚为文化标识，发挥着对外展示形象的使命和作用。这四个方面紧密联系、相互贯通、有机统一，贯穿于国家文化公园建设的始终。所以在建设国家文化公园时，要时刻牢记和主动担当新时代文化使命任务，坚持把为人民服务、为社会主义服务作为根本方向，把围绕中心、服务大局作为基本职责，把统一思想、凝聚力量作为中心环节，才能使国家文化公园在时代和实践发展中展现文化新作为新气象。

第二节　国家文化公园建设的经济价值

"国家文化公园"是一个全新的概念，与传统意义的公园相比，国家文化属性被提到了极为重要的位置。无论是公园范围，还是角色定位，不再局限于单一的遗产保护或旅游景区开发，而是突出了各类文化资源与自然资源综合保护，并将利用与传承作为重要的内容加以凸显，其目标是形成具有特定开放空间的公共文化载体，彰显中华文化的引领和标志作用。所以，国家文化公园将"文化"的社会效益和公益效应放在首位，突出了国家文化公园的经济价值的公益性。当然，强调国家文化公园建设的经济价值的公益效应并非要坚决杜绝文化的市场化和产业化发展，也鼓励社会资本参与国家文化公园建设、投资、运营等各环节，提高社会资本参与国家文化公园建设和保护的积极性，提升国家文化公园的活力，实现公益效应与产业效应的有效衔接。

国家文化公园建设的经济价值主要体现为如下几个方面。

一、促进文化公益事业的发展

国家文化公园建设方案尤其强调了国家文化公园的公共服务属性，这既是国家文化公园设置的目的，也是国家文化公园建设运营管理过程中的重要工作内容。因此，国家文化公园的经济价值体现为惠及全体人民，促进文化公益事业的发展。具体体现为三点：

第一，提升文化资源的社会公共服务水平。国家文化公园作为公共文化公益事业，经济价值上主要体现为通过提高公共服务水平，来提升居民的生活水平。国家文化公园覆盖面广，服务的对象多，惠及面也比较大。国家文化公园的建设由政府主导、社会力量参与，以满足公民基本文化需求为主要目的，在建设过程中，除了对文化资源进行修缮和保护外，还会建设一些配套的公共文化设施、开发文化产品、组织文化活动以及提供其他相关服务，它的公益性、均等性、基本性、便利性建设要求，会促进我国公共服务水平的发展。公共文化服务建设是提升社会文明程度、提高国家文化软实力的重要抓手。当前，提升公共文化服务水平，为社会公众提供更加优质的文化氛围与体验，营造更富活力的文化教育、休闲、消费的场景，创新性开展文化活化和传承利用，增强国家文化公园文化输出的吸引力与感染力，是国家文化公园建设中一项重要的任务。

第二，实现和维护人民群众基本文化权益。国家文化公园，着眼的是全体人民，突破地域文化资源的局限，倡导的是全民共享，维护的是全民的文化权益，由政府主导规划，保证正确的文化方向，由政府管理和出资建设，保证实施和实现的经济相对独立性。国家文化公园建设坚持公益性、均等性原则，通过建设覆盖全社会的比较完备的公共文化服务体系，能够使文化资源惠及全体人民群众，尤其是对经济发展相对落后的地区，国家文化公园的建设在推动城乡基层文化一体化发展、让文化发展成果更好惠及更多人民群众方面起到促进作用。国家文化公园建设要加强扶持体现民族特色和国家水准的重大文化项目，扶持重要文化遗产和优秀民族民间艺术的保护工作，扶持老少边穷地区和中西部地区的文化发展工作，在维护实现人民群众基本文化权益基础上，才会有力地促进了社会主义文化的大发展大繁荣。

第三，促进文化公益事业与文化产业的融合。以政府为主导的国家文化公园建设在推进公益性文化事业发展的同时，也会促进以市场为主导的文化产业的发展。公益性文化事业和文化产业实质上是密不可分的，只有把二者有机统一起来，实现优势互补，在坚持公益事业主导的基础上，发挥文化产业的积极促进作用，才能激活公益性文化事业发展的"补血"和"造血"机制，从而使文化公益事业能够持续性发展。因此，国家文化公园的建设只有同当地的经济和市场结合起来，引导更多的主体参与到公共文化事业建设中去，积极推动文化产业与文化事业的融合发展，才能开发丰富多样的文化产品，实现文化资源保护和利用所产生的社会效益和经济效益双重效用。

二、加强历史文化资源的保护、传承和利用

国家文化公园建设的一项重要任务就是要对文化资源进行保护、传承和利用，坚持科学保护、世代传承、合理利用的原则。国家文化公园在建设中保护是第一位的，传承是第二位的，利用则排到最后，这凸显出了国家文化公园建设的重点，实际上三者之间是不可割裂的，而是辩证统一的。在强调重点保护的同时并没有否定合理的利用，这种合理利用在某种程度上体现了国家

文化公园的经济价值，同样，文物的保护和传承虽然表面上与经济没有关系，但是国家文物的保护和文化传承所带来的经济价值是很难用具体数字来估量的。

第一，合理利用是对文物最好的保护。没有利用的保护实为机械性的保护，建设国家文化公园的目的是传承优秀传统文化，如果把这些文化遗产都"锁起来"，这样的保护就变得无意义，实现不了国家文化公园传承的目标。因此，国家文化公园的建设应妥善处理保护传统与合理开发之间的关系。实际上，保护与开发利用并不矛盾，保护是开发的前提，开发更有利于保护的实施，关键是做好对"度"的把握。首先，国家文化公园建设要做好保护，这是传承和利用的基础和前提。从当前长城、大运河、长征、黄河、长江等国家文化公园试点来看，有大量的文化遗存埋藏于地下有待考古发掘，还有一批文物和文化遗产散布在郊野未能得到较好的保护。这些文物和文化遗产是完整阐释国家文化公园文化价值的重要支撑，国家文化公园建设应坚持保护优先的基本原则，对纳入国家文化公园范畴的文物、文化遗产和文化资源及其背景环境实施更加科学有效的保护。对等级不高，但在整体文化价值中不可或缺的文物和文化遗产应加强保护力度，不论遗存本身的文物遗存等级高低，均应从有利于完整展示我国文化底蕴、民族精神的需要出发，实施整体保护，对濒危的文化遗存应当实施抢救性保护和科学修复。

第二，合理的利用是以文物的传承为重点。国家文化公园建设以传承为重点，重在传承文化资源所蕴含的文化精神因素方面的价值。所以，在国家文化公园建设中，为了做好传承和利用的过渡和铺垫，还要加强对文物的考古和研究，丰富文化遗产的内容和内涵，为更好传承提供条件，进而就会推动相关文化主题的研究工作，促进人文社科理论的研究发展。例如，在对长城、长征等国家文化公园建设中，要做好传承。首先，要确定长城和长征所承载的文化主题，需要对长征精神和长城的爱国主义精神进行深入的学术研究，全面深刻认识历史文化事项，挖掘文物和遗迹的合理元素。在对国家文化公园承载的文化进行系统深入研究的基础上，进一步组织相关专家对公园承载的文化主题、文化标识、文化精神以及传播的背景、途径、范围、影响、特征以及所处的重要地位等进行深入研究。其次，确定文化传承的核心内容后，要进行全面规划，从国家文化发展战略的高度和可持续发展的高度，制定较为翔实的国家文化公园文物传承建设规划纲要。最后，通过具体文化设施和文化产品的开发，把文化精神转化为物质文化产品和非物质文化产品，再以一定的形式和方式展示和呈献给受众群体，这样就完成了从文化理念到文化形式的转化，再辅以宣传讲解等多种形式，把这种文化公园中所蕴含的精神观念转化为参观者的价值观念，这种价值观念在社会实践中又会产生巨大的能量，从而推动物质文明的发展。

第三，合理的利用就是实现利用和保护的良性互动。文化传承是一种利用，把文化转化为文化产业也是一种利用，一个是发挥文化本身的价值和作用，一个是发挥文化对经济的促进作用，合理的利用就是在利用上述两个方面的同时，一同将文化资源的保护结合起来。保护是利用永不枯竭的源泉。因此，在国家文化公园的建设中要遵循开发利用与保护并重的原则。开发国家文化公园，特别是在开发文化的休闲娱乐功能时，不能片面强调经济利益的一面，必须坚持开发与保护并重，把握好开发的度，做到在保护中开发，在开发中保护，形成保护与开发并举、以保护为重的良好局面。另外，还要进行合理的开发和利用，促进经济的发展，进一步实现对国家文化公园的保护。当前对国家文化公园的文化和精神、思想观念的研究成果大多停留在学术、理论层面，在国家文化公园的文化历史遗迹的保护利用、对公共设施的环境的建设实践上仍停留于资金层面，很少把文化理论同建设实践结合起来，要把文化研究真正地融入经济领域。因此，国家文化公园的利用和保护，必须走出单纯学术研究的误区，必须将文化资源优势转化为经济发展优势，使其在推动沿线地方经济的发展中得到有效的传承和保护。

三、促进文化旅游产业的发展

国家文化公园，是文化与旅游相结合的产物，是一种特殊形式的文旅产业。随着经济社会的不断发展和人民生活水平的不断提高,旅游成为一种时尚,文化旅游产业整合丰富的文化旅游资源,发挥文化资源在人文教育和精神满足上的作用,已经成为旅游发展的一种趋势。国家文化公园的建设,就是要发挥公园的文化传承功能,而公园也是人们休闲娱乐的重要场所,同文旅产业发展相契合。从这种角度上看,国家文化公园的建设会促进文旅行业的发展,这种促进作用主要表现为以下四个方面:

第一,推动文化创新和创意产业的发展。在旅游过程中,旅游者对国家文化公园中蕴含的文化因素有所诉求,并且,国家文化公园中蕴含的文化价值观念和人文精神是非常丰富的,这种文化精神需要进一步挖掘,使其转化为可以直接体验到的文化产品和文化形式。这就需要在为人文旅游资源做规划时,将国家文化公园的文化精神和现代的休闲形式有效结合起来,这样做出的产品和项目才是活的旅游产品,才能够把这种蕴含在公园的文化因素和人文精神转化为可以为百姓接受的形式,促进文化精神的转化和认同,这就是今天我们说的文化旅游创意产业。创意是文化旅游产业形成的基础,国家文化公园的历史遗迹是文化旅游产业的生命力所在。文化旅游产业需整合国家文化公园的历史文化资源,围绕文化主线打造创意性旅游项目,聚集人气,发挥辐射作用,形成对广域旅游市场的持续吸引,促进国家文化公园所承载的文化精神的实现。所以国家文化公园建设,会带动文旅行业的发展,从而强化文化创意在文旅行业中的核心地位,提升中国文化创新和文化品牌在经济发展中的作用,为"十四五"期间我国的产业升级做出应有的贡献。

第二,促进地方经济协调发展。国家文化公园,突破了一般公园地域限制,从南到北、从西到东,往往跨越多个省份和地区,这些省份经济的发展呈现不平衡状态。另外,文化发展也存在严重不平衡状态,而以国家文化公园为依托的文旅行业,在促进文化传承的基础上也会兼顾经济因素,国家统一的文化精神成为一种纽带和桥梁,把经济上发展不平衡的地域紧紧地连接起来,通过旅游加强人员之间的交往和融合,必然会促进经济的合作与发展,从而促进经济的协调发展,拉动经济的快速增长。所以,建立在国家文化公园基础上的文化旅游产业，在经济社会发展中有着至关重要的作用，不仅对经济结构调整、区域经济协调发展、扩大对外开放具有重要作用，而且是满足人民群众日益增长的文化需要、提高人民生活水平、构建和谐社会、实现全面协调可持续发展的重要途径。

第三，提升文旅产品的经济效用。国家文化公园建设的原则是保护、利用和传承，保护就是要保护好文化资源，利用和传承就是把文化因素转变为具体的存在，这种存在可以是历史遗迹、自然景观，也可以是开发的国家文化公园文旅产品，让游客自身体验后，能够在离开后继续回味和体验文旅产品中所携带的精神和文化因素。要充分挖掘国家文化公园的文化符号，吸收借鉴当前文创产品的丰富形式，创新文创产品的种类，满足游客继续研究、收藏的学习需求和日常生活、探亲访友等使用需求，让国家文化公园的影响力不断扩大。这些文旅产品的开发和利用，在传承文化的同时，也会带来经济收益。

第四，助力国家文化公园沿线区域经济的发展。依托国家文化公园主题，通过实施"文旅+农业"战略，打造国家文化公园沿线景观农业，发展创意农业，开发传统村落和民俗文化，推广文旅与采摘农业、乡村度假等特色农业相结合，有利于促进农业的发展；通过实施"文旅+工业"战略，依托沿国家文化公园沿线现代化工业体系和工业遗存资源，结合工业参观、工业生产、工业考古、生产体验，建设沿国家文化公园工业旅游产业体系，有利于推进工业经济的发展；通过实施"文旅+休闲养老"战略，依托国家文化公园自然景观和场地，筹建一批综合性康养旅游基地，完善康养配套设施，促进经济的发展。以"文旅+教育"战略，建设教育基地，组织学生参观，促进思想政治教育的发展，所以，国家文化公园在推进文旅、康养、农业、服务业、教育业的融合发展，助力全域快速发展方面都会起到重要的促进作用。

第三节　国家文化公园建设的政治价值

国家文化公园,从这一概念的核心词来看,由三个关键词构成:"国家""文化""公园",其中,"国家"居于"国家文化公园"的起始端,它是整个概念的核心,是与其他"公园"和"文化公园"相区分的标志。如果说"公园"彰显出的是"国家文化公园"的共性特征的话,"国家"则彰显的是"国家文化公园"的个性特征,这个"国家"是指中华民族独特的政治价值理念和鲜明的文化特色。所以,研究国家文化公园的"国家"的内涵,对于国家文化公园建设中把握好的导向和定位、彰显中国特色,具有重要的意义和价值。"国家"首先是一个政治概念,是政治理念和政治价值观的体现,所以,在国家文化公园建设中准确把握其中蕴含的政治价值观念是最基础也是最重要的环节,只有定位准确,才能够把正确的价值观念融入国家文化公园中,进一步强化这种政治价值理念。国家文化公园建设政治价值主要体现在如下几个方面。

一、传承以爱国主义精神为核心的政治内容

爱国主义是国家文化公园的政治价值核心,也是国家文化公园的核心内涵,所谓核心内涵,是指国家文化公园主要内容集中彰显出爱国主义的主题内容。而国家文化公园在爱国主义政治内涵上表现出以下特征:

国家文化公园就是中华民族爱国精神汇聚和彰显的载体。国家文化公园建设的原则是保护与传承,从传承的角度上看,国家文化公园传承的首要政治价值观念就是爱国主义精神。我们从当前在建的几个国家文化公园来看,其中都凝聚着中华民族厚重的家国情怀。

修筑长城最初的目的就是为了抵御外侮、保家卫国、稳固政局、保护人民免受战乱、生活安定。长城意味着保护,意味着统治者对于百姓的保护,也意味着百姓对于国家的保护。这种双向的保护便体现出保家卫国、家国一体的爱

国情怀。所以当前的长城国家文化公园具有传承这种情怀的重任,修建长城国家文化公园,就是要在新时代激活长城文化散发出的爱国主义的时代价值。正如习近平总书记所强调的:"长城凝聚了中华民族自强不息的奋斗精神和众志成城、坚韧不屈的爱国情怀,已经成为中华民族的代表性符号和中华文明的重要象征。"①

同样,大运河起初修建是春秋战国时期各诸侯国为了争霸中原、实现民族统一,隋、元时期修建完备成熟的大运河体系用以漕运调度、巩固中央集权、促进民族团结,隋唐至元明清时期,大运河作为朝廷漕运的主要通道,在稳固中国多民族的大一统政权、平衡社会力量、消除灾害影响、减轻物价波动等方面都具有重要意义。今天,大运河国家文化公园的建设,就是在新时代传承这种建设社会主义强国的伟大梦想,实现中华民族伟大复兴。

长征国家文化公园的政治价值内涵主要体现为伟大的长征精神。伟大的长征留给我们最为宝贵的精神财富就是伟大的长征精神。习近平总书记指出,"伟大长征精神,就是把全国人民和中华民族的根本利益看得高于一切,坚定革命的理想和信念,坚信正义事业必然胜利的精神;就是为了救国救民,不怕任何艰难险阻,不惜付出一切牺牲的精神"②。可见,长征精神也是一种共产党人为救国不怕牺牲的爱国主义的精神,追求国家统一、民族解放的精神。传承长征精神,是长征国家文化公园建设的内在要求。

黄河文化是中华文明的重要组成部分,是中华民族的根和魂,黄河国家文化公园要充分发挥黄河文化在赓续国家文脉、坚定文化自信、弘扬民族精神、构建中国话语体系、铸牢中华民族共同体意识等方面的现实功能与作用,所以黄河国家文化公园同样蕴含着爱国主义的情结。

如果说长城国家文化公园在爱国主义方面体现出了自觉、自立、自强的精神,大运河国家文化公园和黄河国家文化公园则更多地体现为加强内部民族团

---

① 习近平:《坚定信心开拓创新真抓实干、团结一心开创富民兴陇新局面》,《人民日报》2019年8月22日,第1版。
② 习近平:《在纪念红军长征胜利80周年大会上的讲话》,《人民日报》2016年10月22日,第2版。

结、维护国家的统一,而长征国家文化公园更是彰显出当前繁荣昌盛的国家正是中国共产党在马克思主义理论的指导下浴血奋战的结果,彰显出了国家文化公园在传承基础上新的爱国主义内涵。

爱国主义是一种深厚的感情,一种对于自己生长的国土和民族所怀有的深切的依恋之情。这种感情在历史的长河中,经过千百年的凝聚、无数次的激发,最终被整个民族的社会心理所认同,升华为爱国意识,因而它又是一种道德力量,它对国家、民族的生存和发展具有不可估量的作用。这种精神还具体体现为伟大的创造精神、奋斗精神、团结精神、梦想精神。当前的国家文化公园就是要彰显传承这种爱国主义精神。

二、体现以人民为中心的政治价值取向

从"人"到"人民",看似只是一个词的转变,但背后却承载着历史的沧桑,是一个漫长的艰辛历程。中国的历史传统文化中,是一个以"人治"为主导的政治文化国度,这里的"人"特指统治阶级,中国历史上的"公园"只是供这些有特权的统治阶级游玩的地方,一般的百姓是没有权利到这些地方游玩的,所以,并不是实质意义上的"公园",只是"皇家公园"而已。从政治角度看待这些园林,里面彰显和蕴含的是阶级特权政治价值观的取向,是一些达官贵人和文人墨客的价值文化观念的体现,百姓只不过是古代君王治理之下的臣民,这个"国"和"家"是统治阶级的国和家,不是百姓的国和家。但是,新中国成立后,人民的地位发生了翻天覆地的变化,这个国家是"人民"的"国家",所以,国家文化公园是人民的文化公园。

国家文化公园建设必须以习近平新时代中国特色社会主义思想为指导,而以人民为中心,是习近平新时代中国特色社会主义思想的核心内容,所以,国家文化公园必须蕴含着以"人民为中心"的政治价值理念,这是国家文化公园历史传承和创新发展,是中国共产党人不忘初心、牢记使命的时代要求。

具体来讲,国家文化公园以人民为中心的政治价值理念包括以下几个方面:一是国家文化公园的目标宗旨观,即建造国家文化公园,是为人民而建造

的公园,满足全体人民的精神文化诉求;二是国家文化公园的人民利益至上观,建造国家文化公园就是要实现全体人民的根本利益,要始终把人民利益摆在至高无上的地位,在保护开发利用文化历史遗产和资源的时候,不危害人民利益是底线,实现人民的利益是基本线,惠及全体人民利益是最终追求,切实保障和改善民生是目标;三是国家文化公园的人民当家作主思想,在建设国家文化公园过程中,在国家文化公园设施的设计规划中,都要体现出人民民主的思想,依法扩大人民有序政治参与,用制度体系保证人民当家作主;四是体现人民文化和智慧的思想,整个人类的文明发展史都是人民群众创造的,我们在体现历史杰出人物在推动历史发展中的作用的时候,不能忽视人民群众的智慧和作用,长城文化、大运河文化、长征文化、黄河文化等彰显的是中华民族集体智慧的结晶;五是国家文化公园的群众路线思想,国家文化公园的建设要坚持一切为了群众、一切依靠群众、从群众中来、到群众中去的群众路线,这样才能够凸现出国家文化公园以人民为中心的政治价值内涵。

三、增强以共同体意识为目标的政治价值功能

我国是个多民族国家,产生于中华大地上的各民族文化,经过长期的交流交融,才有了今天博大深邃的中华文化。各具特色的民族文化在丰富多样的中华文化大家庭中和谐共生、包容发展。长城的修建、大运河的开凿、长征的胜利、黄河的治理、长江的滋养,都是中华民族团结奋斗的结果,同时,这些历史文化遗迹的建造和实践活动也进一步促进了各民族的交往、交流和交融。

中华民族共同体是中国历史发展的产物。千百年来,各民族不断交融汇聚,在"大一统"思想的主导下形成了"自在"的中华民族共同体,在共同命运、共同诉求、共同理想的现实导向下逐渐生成了中华民族共同体意识。党的十八大以来,在中国共产党的领导下,我国民族团结进步事业取得一个又一个历史性成就,构建了牢固的爱国民族统一战线,中华民族共同体意识得到前所未有的加强,因此,国家文化公园一定要把这种"中华民族共同体意识"传承和体现出来。

当前,站在中华民族伟大复兴和世界百年未有之大变局的重要历史关口,面对国内外错综复杂的形势,我们更要铸牢中华民族共同体意识,全面贯彻党的民族政策,国家文化公园是全面贯彻落实这一政策的载体。在新时代背景下,国家文化公园所蕴含的中华民族共同体意识具体体现为以下两个方面:

一是统一的多民族政治共同体。中国的历史是一部各民族交融汇聚成多元一体中华民族的历史,是各民族共同缔造、发展、巩固统一的伟大祖国的历史。习近平总书记强调:"必须坚持正确的中华民族历史观,增强对中华民族的认同感和自豪感。"[①]坚持正确的中华民族历史观,就要坚持中华民族共同体多元一体的观念,缔造和捍卫中华民族共同体意识。

二是休戚与共、荣辱与共、生死与共、命运与共的政治共同体。"休戚"意指"喜乐与忧虑"的情感组合,"休戚与共"意指各族人民共享欢乐与幸福、共担忧愁与祸患的情感认同;"荣辱"意指"光荣与耻辱","荣辱与共"是指各族人民共膺荣誉与辉煌、共抗屈辱与苦难的理性认同;"生死"意指"存续与衰亡","生死与共"彰显了各族人民于山河破碎之际从自在走向自觉、共同挽救民族命运的历史认同观;"命运"意指中华民族共同体发展的远大理想,"命运与共"是指各族人民共同实现中华民族伟大复兴的愿景认同观。

从"多民族统一""休戚与共、荣辱与共、生死与共、命运与共"把握国家文化公园的共同体意识,在不同维度诠释了中华民族共同体所具有的政治价值观念,国家文化公园就是要把这种观念通过公园的形式把它展现出来,同时通过直观的体验,进一步加强传播这种政治观念,使其成为巨大的凝聚力和向心力,发挥国家文化公园的政治功能性作用。"多民族统一"的理念,有利于加强民族团结,促进民族融合,反对民族分裂,牢固地构建国家统一和民族团结的思想长城;"休戚与共"的理念,有利于强化中华民族共同体的情感基础,有效抵御各类极端、分裂思想的渗透颠覆,维护国家安全和社会稳定;"荣辱与共"的理念,有利于铸牢中华民族共同体的理性认同,有效应对可能发生的风

---

① 《习近平总书记在中央民族工作会议上的讲话》,《人民日报》2021年11月30日。

险和挑战，为党和国家的兴旺发达、长治久安提供更为坚实的思想保证；"生死与共"的理念，有利于铸牢中华民族共同体的历史根基，推动中华民族发展为认同度更高、凝聚力更强的共同体；"命运与共"的理念，有利于铸牢中华民族共同体的愿景认同根基，进而提升"人类命运共同体"在国际范围内的认同度。

四、实现以中华民族伟大复兴为目的的政治价值理念

建设国家文化公园，在传承中华优秀传统文化、传承中华民族精神、打造文化风景的同时，还有着探索传承创新中华文化新载体、弘扬中华文化自信、体现时代价值观念、实现中华民族伟大复兴的重任。让长城文化、大运河文化、长征精神、黄河文化与长江文化，不仅活起来，更能火起来；不仅传下去，更能驻下来；不仅让它散发出时代的光芒，更能够实现中华民族伟大复兴之梦。

国家文化公园不单单是一种理念，更是一种实践，是一种把中华民族生生不息的民族精神传承下来、激励时代的新人不断努力奋进、实现中华民族伟大复兴的伟大实践过程。国家文化公园是一种载体，也是一种见证，记载的是中华民族的价值观念，见证的是中华民族实现伟大复兴的历史进程。建设国家文化公园，就是要让这些精神散发出时代的光芒，就是要在新时代在党的领导下，传承、创新这些精神，不断实现中国梦的过程。所以，国家文化公园还蕴含着伟大的实践精神——中华民族伟大复兴。

国家文化公园以"中华民族伟大复兴"的实现为目的的政治价值理念主要包括以下内容：

一是"伟大斗争"的政治价值理念。实现伟大梦想，必须进行伟大斗争。国家文化公园体现出的并非是一种纯粹的风景，而是一段历史及这段历史所承载的精神，这种精神是积极向上的。文化很多时候并不能保持中立，国家文化公园彰显的是一种先进的文化，是一种意识形态，因此，在国家文化公园建设过程中，一定要树立意识形态观念，自觉地以习近平新时代中国特色社会主义思想为指导，坚持社会主义方向，坚持社会主义核心价值观，在建设过程中自

觉地维护人民利益,坚决反对一切损害人民利益、脱离群众的行为。

二是"四个自信"政治价值理念。实现伟大梦想,必须树立自信。近代以来,饱受帝国主义列强欺凌的中华民族始终具有自强自立的伟大梦想,长城屹立不倒,长征精神永存,就在于中华民族的不畏强敌、自强不息、不屈不挠、愈挫愈勇的精神,在中国共产党的坚强领导下,我们探索出了正确的道路,找准了前进的方向,中国人民靠着一股韧劲,迎难而上,推翻了"三座大山",实现了中华民族站起来的伟大梦想。改革开放以来,我们解放思想、实事求是,大胆地试、勇敢地改,干出了一片新天地。40多年春风化雨、春华秋实,改革开放极大改变了中国的面貌、中华民族的面貌、中国人民的面貌、中国共产党的面貌。国家文化公园承载和彰显的就是这种在困难面前不退缩的自信,就是道路自信、理论自信、制度自信、文化自信。国家文化公园建设中要保持政治定力,坚持正确方向,增强"四个自信",始终坚持和发展中国特色社会主义。

三是"奋斗"的政治价值理念。伟大梦想是拼出来的、干出来的。中国人民是具有伟大梦想精神的人民,中华民族也是勤劳和勇于拼搏奋斗的民族,国家文化公园仍然也把这种勤劳和奋斗的民族本色体现出来,发扬光大。今天,我们比历史上任何时期都更加接近、更有信心和能力实现中华民族伟大复兴的梦想,但同时我们所遇到的风险和挑战也更加严峻。面对更光荣的使命、更艰巨的任务、更严峻的挑战、更伟大的事业,更加需要扎扎实实的行动和力量。国家文化公园就是要把这种勤劳、奋进的精神传承下来,把这种力量继授下来,激励时代新人,在中国共产党的带领下,顽强拼搏,实现中华民族伟大复兴。

第四节 国家文化公园建设的社会价值

国家文化公园建设,是新时代我国推进实施中国特色社会主义文化建设的重大文化工程之一,它以长城、大运河、长征、黄河、长江沿线一系列主题明确、内涵清晰、影响突出的文物和文化资源为主干，以呈现中华文化的价值理念和鲜明特色为内容，兼顾科学保护、世代传承、合理利用，做大做强中华文化重要标识，是发掘好、利用好丰富文物和文化资源，推动中华优秀传统文化创造性转化和创新性发展的重要举措。国家文化公园建设在整合资源、统筹协调，实现系统性、整体性保护和发展方面，在丰富人民精神生活、满足人民美好生活需要方面，在铸牢民族共同体意识、维护社会和谐稳定方面，都具有重要的现实和实践意义。

一、是实现民族复兴伟大梦想的现实需要

国家文化公园建设正是新时代我国推进实施中国特色社会主义文化建设的重大工程和重要举措，它所承载的文化内涵和向度，是建设社会主义现代化强国、实现民族复兴伟大梦想的内在应有之义，是中国特色社会主义现代化建设的目标和重要内容，也是不可或缺的组成部分。可以说，作为中国特色社会主义文化建设的重要载体之一，国家文化公园建设是建设社会主义文化强国、实现民族复兴伟大梦想的现实需要。

二、有助于实现系统性、整体性保护和发展

第一，对包括中华优秀传统文化、革命文化、社会主义先进文化在内的文化资源本身进行融合，特别是推进中华优秀传统文化的保护、传承及创造性转化和创新性发展。中国特色社会主义文化，源自于中华民族5000多年文明历史所孕育的中华优秀传统文化，熔铸于党领导人民在革命、建设、改革中创造的革命文化和社会主义先进文化，植根于中国特色社会主义伟大实践。发展中国特色社会主义文化，就是以马克思主义为指导，坚守中华文化立场，立足当代中国现实，结合当今时代条件，发展面向现代化、面向世界、面向未来的，民族的科学的大众的社会主义文化，推动社会主义精神文明和物质文明协调发展，不断铸就中华文化新辉煌。党的十九大报告明确提出："传承弘扬中华优秀传统文化，加强文物古籍保护、研究、利用，强化重要文化和自然遗产、非物质文

化遗产系统性保护,加强各民族优秀传统手工艺保护和传承,建设长城、大运河、长征、黄河等国家文化公园。"

第二,统筹文化与其他领域的协调发展,从国家整体层面处理好文化资源与经济、政治、生态(包括自然资源、环境条件)之间的关系。随着中国特色社会主义进入新时代,改革进入攻坚期、深水区,客观上要求从国家层面对经济社会发展进行统筹规划、协调推进。早在2012年党的十八大报告中就提出要不断实现"科学发展""和谐发展",全面落实经济建设、政治建设、文化建设、社会建设、生态文明建设五位一体总体布局,促进现代化建设各方面相协调,不断开拓生产发展、生活富裕、生态良好的文明发展道路,建设富强民主文明和谐美丽的社会主义现代化强国。党的十九大报告强调要"坚持全面深化改革",突出"着力增强改革系统性、整体性、协同性",并以此作为改革取得重大突破的宝贵经验。习近平总书记亲自谋划,全国上下同心协力,推进国家文化公园建设,就是要补强"软实力"短板,补足精神文化之钙,满足人民对美好生活的向往。解决文化发展不平衡不充分问题、推动文化高质量发展、满足人民对美好生活的向往、实现文化强国目标。

第三,超越地域局限,注重国家层面的系统性、整体性的统筹管理,推进区域之间的协调发展。国家文化公园的"国家"属性,就是要从国家层面打造文化形象、推进文化建设、推动优秀传统文化创造性转化和创新性发展,是站在国家、民族、文化的历史和未来来思考,体现的是超越省—市—县—乡—村的局限的大视野、大格局。长城国家文化公园、大运河国家文化公园、长征国家文化公园、黄河国家文化公园和长江国家文化公园,覆盖我国绝大多数省(区、市),纵横众多地域。一些有影响、代表性的重大文脉,翻山越岭、穿州过府,横跨多省市,相比按区划管理,国家层面的统筹管理具有外部性、战略性、全局性。一些非常重大的文化资源点就在基层,分级管理力有不逮。不仅如此,国家文化公园还具有文化类型多元、半封闭半开放性的特点,与周边城镇、乡村聚落联系紧密,必将参与到周边城镇经济、社会发展的大潮中来,具备自我"造血功能"。如果从国家层面统筹规划建设,有利于超越属地、层级、分类和行业内部，统筹各类各级文化资源、自然资源和周边生态价值高的区域，建立统一规范高效的管理体制，实行最严格的保护，有效解决交叉重叠、多头管理的碎片化问题，整体提升我国文化资源和自然生态系统的保护水平，突出原真性和完整性保护。同时以文化、生态资源保护为前提，利用文物和文化资源外溢辐射效应，合理布局旅游业，通过文旅融合，促进区域经济、社会和生态建设协调发展。

可以说，习近平总书记关于国家文化公园建设的重要论述，正是站在国家、民族、人民的立场上，高瞻远瞩，彰显系统性、整体性、综合性、前瞻性，重视文化的内部规律、内在结构、文脉和资源的流布，是文化体制机制建设的重大突破，对于解决文化发展不平衡不充分问题、推动文化高质量发展、实现文化强国目标具有重大意义。

第四，分级分类统筹规划，对文化资源实行多元化"经营"和"利用"。2019年12月，中共中央办公厅、国务院办公厅印发《长城、大运河、长征国家文化公园建设方案》提出，国家文化公园"是要整合具有突出意义、重要影响、重大主题的文物和文化资源，实施公园化管理运营，实现保护传承利用、文化教育、公共服务、旅游观光、休闲娱乐、科学研究功能，形成具有特定开放空间的公共文化载体，集中打造中华文化重要标识"。《长城国家文化公园（山西段）建设保护规划》明确管控保护区、主题展示区、文旅融合区、传统利用区四大主体功能分区，按照"核心点段支撑、线性廊道牵引、区域连片整合、形象整体展示"的原则，以山西明长城为主线，串联沿线各类长城文物和文化、自然生态资源点，营造差异化的特色主题，全面展示长城的文化景观和文化生态价值，形成"一带、三段、六区、多点"的总体空间格局。因此，在经营利用文化资源的时候，既要注重文化发展的内容分类、分级，更要强调文化内和文化际的融合、共享。中国文化的特点之一就是融合，是经世致用。因此，国家文化公园建设应该更加重视文化的多元融合和多样性发展，推动文旅融合、文经融合、文产融合，推动文化与社会、文化与生活、文化与人民的深度融合，充分发挥国家文化公园在保护传承、宣传教育、科学研究、游憩、社区发展等方面的重要功能。推动文化事业和文化产业发展，加快构建把社会效益放在首位、社会效益和经济效益相统一的体制机制。完善公共文化服务体系，深入实施文化惠民工程，丰富群众性文化活动。加强文物保护利用和文化遗产保护传承。健全现代文化产业体系和市场体系，创新生产经营机制，完善文化经济政策，培育新型文化业态。加强中外人文交流，以我为主、兼收并蓄。推进国际传播能力建设，讲好中国故事，展现真实、立体、全面的中国，提高国家文化软实力，使中华文化影响更加广泛深入。

三、丰富人民精神文化生活

人民精神生活富足、社会和谐稳定，既是建设现代化强国、实现民族复兴的重要内容和内在应有之义，更是其重要前提和保障。

我国是共产党领导下的人民当家做主的社会主义国家，从党的初心使命到党的性质宗旨，从党的执政理念到百年奋斗的伟大实践，人民始终是价值主体和实践主体，为人民谋幸福并最终实现人的全面发展，既是社会主义现代化建设的重要目标，也符合马克思主义理论的终极价值追求。因此，让人民享有健康丰富的精神文化生活、满足人民美好生活需要、促进人的全面发展，必须也应当成为国家文化公园建设的理念指导和价值遵循。

在国家文化公园的概念中，文化的主体是人民，"公园"的主体是人民。一方面，国家文化公园的设计和建设，很好地体现了以人民为中心的理念，体现为人民谋幸福、为民族谋复兴的初心和使命。国家文化公园应以增进人民群众的文化福祉为根本出发点和落脚点。另一方面，满足人民过上美好生活的新期待，必须提供丰富的精神食粮。文化本是"活态的"，自然要"活起来"。国家文化公园将"文化"继续激活，并将其具象化，以看得见、摸得着的形式展现出来，以便在人们赏析、休闲、体验、健身、旅游过程中，增强文化的存在感、传播力及影响力。为此，国家文化公园要充分发挥公共服务产品的特殊优势，面向基层、服务群众，坚持以人民为中心的导向，不断提高文化产品质量，为人民提供更好更多精神食粮，同时引导群众在文化建设中自我展现、自我教育、自我服务。人民精神富足了，生活幸福愉快了，有助于促进社会和谐，增强社会创造活力，从而实现人民安居乐业、社会安定有序、国家长治久安。

四、铸牢中华民族共同体意识

强大的民族认同是激发社会各民族各阶层人民的凝聚力和创造力的精神力量，是实现国家富强、民族振兴的不可或缺的前提和基础。多元民族一体化和谐稳定发展，是中华民族伟大复兴的重要内容和目标，是其内在应有之义。

国家文化公园是国家形象特征和文化传统的标志体现。国家文化公园的建设，是国家依托深厚的历史积淀、磅礴的文化载体和不屈的民族精神，着力构建和强化的国家象征，是对内强调民族化和本土化，服务于实现中华民族伟大复兴，对外适应国际化和普遍化，促进世界文化之间的交往和文化多样性的保有与存续的重大工程。

国家文化公园的内涵包含三重属性：首先是"国家"属性，强调整合一系列文化遗产后所反映的整体性国家意义；其次是"文化"属性，由国民高度认同、能够代表国家形象和中华民族独特精神标识、独一无二的文物和文化资源组成；再次是"公园"属性，即具有社会公益性，产品形态为全体公众而设立，属于公共产品，为了满足公众欣赏自然、了解和体验中国历史、学习中华民族文化以及作为社会福利的游憩空间的需要，同时鼓励公众参与其中进行保护和创造，兼具科普、教育、休闲、旅游等功能。国家文化公园建设对内通过形成国家文化标识，激发人民对民族文化的认同和共识，铸牢中华民族共同体意识。增强民族身份的认同感和归属感，明确自己从哪里来，到哪里去，知道自己是谁，要干什么，通过民族团结、民族自信，激发强大的民族凝聚力和创造力，推动民族多元一体发展，使不同民族之间、人与人之间、人与国家和社会之间和谐统一，促进社会和谐稳定；对外通过文化强国建设，增强人民的民族自豪感、自信心，有助于推动实现祖国完全统一，是国家文化软实力在社会层面的现实转化和体现。

长城、大运河、长征、黄河、长江国家文化公园，都是中华民族独一无二的、承载着最深层文化记忆的符号,肩负着文化意义的集中表达和传播。国家文化公园建设,为不同的地域性文化认同提供了一个统一而宏大的文化符号,具有强大的文化感召力和包容性,将沿线众多文化子系统中的文化符号有机地联结起来。通过国家文化公园建设,从国家意义和国家形象层面提炼国家文化公园的精神文化内涵,以凝聚中国精神、中国价值、中国力量。彰显文化自信,大幅提升国家文化软实力和中华文化影响力,也使全党全社会思想上的团结统一更加巩固。

第五节 国家文化公园建设的生态价值

国家文化公园是依托文化遗产而设立的、以文化传承保护为主题的历史文化类国家公园,是中国特色国家公园,既包含着文化价值,又包含着自然生态价值,对社会主义生态文明建设乃至人类文明新形态的形成和发展,都具有重要的生态价值和战略意义。

一、推动社会主义生态文明建设

改革开放40多年来,中国特色社会主义现代化建设在经济、政治、文化、社会、生态等方面都取得了世人瞩目的伟大成就。从生态环境保护到全面建设社会主义生态文明,大致经历了从生态环境保护到生态建设,从生态建设上升到生态文明建设,再到社会主义生态文明建设进入新时代三个历史阶段,生态文明建设在整个社会主义建设中的地位不断提升。党的十八大把生态文明建设提升为党治国理政的重要理念和内容、构成"五位一体"总体布局之一,党的二十大报告再次强调"推动绿色发展,促进人与自然和谐共生"。

从过去的生态建设,到生态文明建设,不再是仅仅局限于自然资源和环境的生态问题,更是一种引领经济社会可持续发展的新的文明形态。但是,相较于其他文明取得的丰硕成果和历史成就,生态文明建设显然处于落后地位,是社会主义现代化建设的"突出短板",成为影响经济社会发展和民生福祉的突出问题。

在生态文明与其他文明之间的关系上,过去我们通常强调通过生态文明建设来为经济社会发展保驾护航。党的十八大以来,社会主义生态文明建设进入新时代,迎来了蓬勃发展的历史时期,开启了全面、全方位、全过程、系统、快速建设的新时代。强调把生态文明建设注入和贯穿到经济社会发展的方方面面,把它作为社会主义文明建设的新方向、新内容和新表征,把它提升到全面建设社会主义现代化的统领性地位,即以社会主义生态文明建设来统领社会主义物质文明、政治文明、精神文明和社会文明建设,把生态文明建设融入经济、政治、文化、社会等建设的各方面和全过程。为此,必须把社会主义生态文明作为一个独立的体系来建构,作为独立的文明发展新形态来建设。因此,新时代的社会主义生态文明建设实质上是社会主义生态文明体系建设,是全面构建与全方位、全地域、全过程的开展和整体推进。

国家文化公园建设作为依托文化遗产而设立的、以文化传承保护为主题的历史文化类国家公园建设,是跨领域、跨区域、跨行业的多维综合建设工程,涉及经济社会发展、精神文明建设、社会和谐、生态环境等问题。其不仅属于文化建设范畴,也是生态建设的重要内容;不仅蕴含着文化价值,还包含着自然生态价值;不仅有助于促进自然资源和自然环境的保育,维护自然生态系统的平衡与稳定,而且是科学合理开发、利用自然资源和生态环境,拉动经济增长,推动经济社会实现绿色发展的有效途径;不仅有助于激发人的实践主体性、创造性、满足人民对美好生活的需要,促进人的全面发展,实现人与自然和谐共生,而且是推动社会主义生态文明建设的重要动力。

二、促进对自然资源和生态环境的保育

自然生态系统的平衡与稳定是人类生存与发展的必要条件。改革开放40多年来,伴随着城镇化和工业化的进程,我国经济获得飞速发展,跃升为世界第二大经济体,但与此同时,进一步发展也面临着资源约束趋紧、生态环境急

剧退化等严峻挑战。为此，在国家文化公园建设乃至整个社会主义现代化建设中，摆在第一位的就是保护和培育自然资源和生态环境。党的十八大确立了"节约资源和保护环境"的基本国策和"节约优先、保护优先、自然恢复为主"的方针。党的十九大报告提出要"像对待生命一样对待生态环境"，"实行最严格的生态环境保护制度"。人与自然是生命共同体，人类必须尊重自然、顺应自然、保护自然。对自然的伤害最终会伤及人类自身。党的二十大报告指出，"大自然是人类赖以生存发展的基本条件，尊重自然、顺应自然、保护自然，是全面建设社会主义现代化国家的内在要求"。[①]

国家文化公园涵盖极其重要的自然资源和生态系统，属于生态环境保护和培育的重要对象和内容。因此，在推进国家文化公园建设中，必须坚持保护优先原则，将保护放在第一位，科学划定管控保护区，尊重历史、修旧如旧，在保护传统文化生态的基础上，进行适度开发利用，实现传统文化的现代化。

国家文化公园具有极高的生态价值。虽然侧重于文化主题，但离不开文化载体如山脉、森林、河流，甚至土壤、气候等相关资源环境和地理条件，既包含着文化价值，又包含着自然生态价值。人类的生存与发展需要一定的自然条件，诸如清洁的水、干净的空气、肥沃的土壤、适宜的温度湿度等自然条件在满足人类上述需求的同时，也构成了作为人类生活环境的自然生态系统。

从自然资源和生态系统来看，国家文化公园所保护的，是我国自然生态系统中具有国家代表性、自然景观最独特、自然遗产最精华、生物多样性最富集的部分，对生物多样性与生态系统完整性的保护强度和保护级别都是最高的。跟其他公园相比，国家文化公园的保护范围更大，生态过程更完整，管理层级更高。这不仅有利于打造生态旅游品牌、丰富生态旅游产品体系、引领全国生态旅游高质量发展，而且有助于成为科学处理生态保护与生态旅游发展的重要典范，进而推动我国自然保护地生态旅游的高质量发展。

---

① 习近平：《高举中国特色社会主义伟大旗帜　为全面建设社会主义现代化国家而团结奋斗——在中国共产党第二十次全国代表大会上的报告》，《人民日报》2022年10月25日。

三、推动经济社会绿色发展

国家文化公园建设不仅涉及对自然生态的保护，还涉及对资源环境进行科学合理的开发和利用，使其服务于经济社会的发展。生态文明本身就蕴含着生态和文明两个维度，生态是纯自然的东西，而文明是人类实践活动的产物，生态学和文明概念的结合，赋予生态文明社会科学的意蕴。1987年，叶谦吉教授就提出"所谓生态文明，就是人类既获利于自然，又还利于自然，在改造自然的同时又保护自然，人与自然之间保持着和谐统一的关系"[①]。应该从生产方式和社会生产的可持续性两个维度去把握生态文明。党的十八大强调要形成绿色发展方式和生活方式，坚定走生产发展、生活富裕、生态良好的文明发展道路，建设美丽中国。党的十九大报告强调绿色发展理念。党的二十大提出必须牢固树立和践行绿水青山就是金山银山的理念，站在人与自然和谐共生的高度谋划发展。

国家文化公园建设要充分贯彻习近平生态文明思想，按照人与自然和谐发展的相关要求，贯彻落实新发展理念，在注重生态保护的基础上对自然资源和生态环境进行科学合理的开发利用。利用的形式可以多渠道、多样化，比如，打造一批文旅融合项目示范区，培育一批有竞争力的文旅企业；科学规划文化旅游产品，发展特色生态旅游、红色文化旅游；开展自然科普或教育；在运河沿线开展水上人家民宿体验游；推动开发文化旅游商品，扩大文化服务供给等，从国家层面保障实现"保护"与"利用"的完美平衡。近年来，中央部委和地方政府在推动国家文化公园建设过程中，紧密围绕满足人民群众的美好生活需要，统筹文化建设、旅游开发和经济社会发展，依托沿线富集的自然和人文资源，激活各类资源要素，为地区发展塑形、赋能，推动文旅深度融合，让沉睡的资源活跃起来，让潜在的优势发挥出来。

国家文化公园的"公园"属性，即"公共性"与"开放性"，决定了实现公园

---

① 戴圣鹏：《人与自然和谐共生的生态文明》，社会科学文献出版社2022年版，第15页。

生态价值的方式绝不囿于消极保护,而是可以积极主动地开发利用。将园区开放,允许公民进入特定区域进行休憩、游览、观光等行为本身就是对国家文化公园生态价值的实现,这种"消费"不同于以自然物的消耗或毁灭为条件的经济或资源价值的攫取,而是优美的环境带给人生理与心理上的愉悦。不仅如此,园区的开放也为公民融入并增进对国家文化公园的了解提供窗口。增强公民的环境保护意识,使公众在休憩、观光、娱乐的同时接受自然环境教育。

国家文化公园建设是步入新发展阶段走高质量发展之路的重要举措。国家所确立的"江河战略",内在地包括长江经济带发展战略和黄河流域生态保护区和高质量发展战略,目的正在于实现国家的高质量发展伟大目标,而长江国家文化公园和黄河国家文化公园的建设,必然遵循这一战略目标的规划。党中央明确,到21世纪中叶,建成社会主义现代化强国,其中"美丽中国"成为目标之一,这无疑展现了我国对绿色发展理念重要性的认识,明确了绿色发展在党和国家建设事业的战略全局中的重要地位。对于长江国家文化公园和黄河国家文化公园而言,生态保护、绿色发展显得尤其重要。这两个国家文化公园的生态保护与高质量发展是紧密相连的,不能将二者分离开来。

在国家文化公园建设进程中,将生态保护与高质量发展有机结合起来,应当着力做到如下两点:

第一,遵循客观规律。要遵循两个规律,即生态平衡规律和发展规律。生态平衡规律是要处理好人与自然之关系,遵循绿水青山就是金山银山的理念。经济发展要遵循经济规律,要将市场的任务归还给市场,使市场在资源配置中起决定性作用,促进公园沿途各类生产要素自由流动,以充分提高资源配置效率。同时,要将生态保护规律与经济发展规律统一起来。

第二,发挥国家文化公园所在地域的比较优势。国家文化公园沿线各地的生态现状和优势均不对等,不可能搞一刀切管理模式,要充分发挥各地的比较优势,形成互补的态势,并加强各地之间的协调,弥补发展中的不平衡不充分问题。国家文化公园沿线经济发展条件好的地域应当承载起更多的产业,发挥价值创造的职能。生态功能较强的地方应当实施有效的生态保护，并在保护的基础上创造更多的生态产品，从而产生互补情形，形成"绿水青山"和"金山银山"相互促进、并行发展的良好局面。"实践表明，生态环境保护和经济发展是辩证统一、相辅相成的，建设生态文明、推动绿色低碳循环发展，不仅可以满足人民日益增长的优美生态环境需要，而且可以推动实现更高质量、更有效率、更加公平、更可持续、更为安全的发展，走出一条生产发展、生活富裕、生态良好的文明发展道路"。[1]当前，我国生态文明建设和高质量发展都面临着诸多矛盾与挑战，但各地表现参差不齐，在生态环境稳中向好方面、在经济从量变到质变转变方面、在生态环境同人民对美好生活期盼方面、在建设美丽中国的目标方面、在构建新发展格局、推动高质量发展方面、在全面建设社会主义现代化强国方面，国家文化公园沿线各地区的特点都表现得不尽一致，有些地方表现差异较大。在这种情况下，我们应当因地制宜，发挥各地特色和优势，形成优势互促互补良好发展局面。

四、满足人民美好生活需要

生态文明的诉求不仅仅是生产方式的变革与社会生产的可持续发展，还有生活方式变革与对美好生活的向往，包括人们对美好生活的需要和对幸福生活的向往。中国式现代化是包括经济、政治、社会、文化、生态五方面"五位一体"的现代化，美好的生态文明构成了人民美好生活的重要内容。

一方面，人民群众是生态文明建设的主体力量，通过国家文化公园建设，挖掘自然的文化内涵和意义，传承和弘扬中华文化和民族精神，凝聚社会各阶层人民群众的思想和力量，创造出更多更好的文化产品和自然生态产品，以满足日益增长的美好生活需要。

另一方面，人民不仅是生态文明建设的实践主体，更是价值主体。即生态文明建设的成果要惠及全体人民，由人民共享。社会主义生态文明寄托了人民

---

[1] 习近平：《努力建设人与自然和谐共生的现代化》，《求是》2022年第11期。

对美好生活的向往与憧憬，在此意义上，可以说，借助国家文化公园建设，推动了生态文明建设，提升的是人民群众的获得感和幸福感，托起的是人民的幸福梦想。

第五章
CHAPTER 5

国家文化公园建设的
基本方略

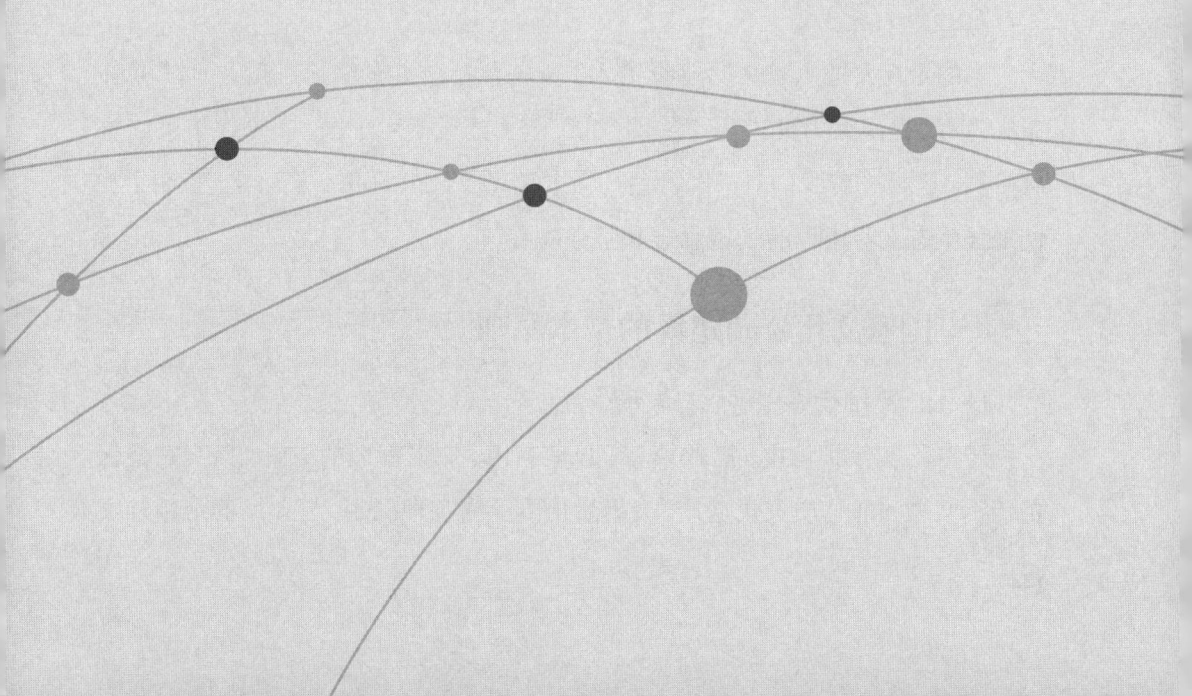

坚持党对国家文化公园建设的全面领导,把党对国家文化公园建设的要求、目标落实到每一个国家文化公园,落实到国家文化公园建设的每一个环节,确保国家文化公园建设沿着正确的方向发展。坚持以人民为中心的价值导向,以更好满足人民群众对美好生活的向往。坚持高质量建设的标准,促进国家文化公园持续健康发展。坚持新发展理念,全面地贯彻创新、协调、绿色、开放、共享的新发展理念。建立和完善国家文化公园的管理体系,注重不同行政区划之间的协调与合作,探索设立国家文化公园分支管理机构,形成垂直管理、协调联动的管理机制,并根据实践发展进行相应的调整、完善。建立健全国家文化公园法规体系,在全面梳理现行文物保护法、长城保护条例等法律法规的基础上,通过立法、修法的方式,对国家文化公园的功能定位、保护目标、管理原则、管理主体等进行明确,合理划分中央与地方职责,研究制定国家文化公园特许经营等配套法规,并做好与现行法律法规的衔接修订工作。

第一节　坚持高质量建设的标准

党的十八大把生态文明建设纳入中国特色社会主义事业"五位一体"总体布局,明确提出大力推进生态文明建设,努力建设美丽中国,实现中华民族永续发展。这标志着我们对中国特色社会主义规律认识的进一步深化,表明了我们加强生态文明建设的坚定意志和坚强决心。

一、国家文化公园建设的基本原则

(一)保护优先,强化传承

严格落实保护为主、抢救第一、合理利用、加强管理的方针,真实完整保护传承文物和非物质文化遗产。突出活化传承和合理利用,与人民群众精神文化生活深度融合、开放共享。

（二）文化引领，彰显特色

坚持社会主义先进文化发展方向，深入挖掘文物和文化资源精神内涵，充分体现中华民族伟大创造精神、伟大奋斗精神、伟大团结精神、伟大梦想精神，焕发新时代风采。

（三）总体设计，统筹规划

坚持规划先行，突出顶层设计，统筹考虑资源禀赋、人文历史、区位特点、公众需求，注重跨地区跨部门协调，与法律法规、制度规范有效衔接，发挥文物和文化资源综合效应。

（四）积极稳妥，改革创新

突出问题意识，强化全球视野、中国高度、时代眼光，破除制约性瓶颈和深层次矛盾。既着眼长远又立足当前，既尽力而为又量力而行，务求符合基层实际、得到群众认可、经得起时间检验，打造民族性世界性兼容的文化名片。

（五）因地制宜，分类指导

充分考虑地域广泛性和文化多样性、资源差异性，实行差别化政策措施。有统有分、有主有次，分级管理、地方为主，最大限度调动各方积极性，实现共建共赢。

二、加强对生态保护和高质量发展的领导

第一，抓紧开展顶层设计。国家文化公园的生态保护和高质量发展，是重大国家战略。国家发改委要会同有关方面组织编制规划纲要，按程序报党中央、国务院批准后实施。

第二，加强重大问题研究。国家文化公园的生态保护和高质量发展是一个复杂的系统工程，对一些重大问题，在规划纲要编制过程中要深入研究、科学论证。

第三，着力创新体制机制。要坚持中央统筹、省负总责、市县落实的工作机制。中央层面主要负责制定国家文化公园沿线和流域的重大规划政策，协调解

决跨区域重大问题,有关部门要给予大力支持。省级层面要履行好主体责任,加强组织动员和推进实施。市县层面按照部署逐项落实到位。要完善流域管理体系,完善跨区域管理协调机制,完善河长制、湖长制等组织体系,加强黄河、大运河流域内水生态环境保护修复联合防治、联合执法。

三、构建高质量发展的动力系统

国家文化公园建设,要坚持将山水林田湖草沙作为一个生命共同体,统筹考虑保护与利用,对相关自然保护地进行功能重组,合理确定国家公园的范围。按照自然生态系统整体性、系统性及其内在规律,对国家公园实行整体保护、系统修复、综合治理。建成统一规范高效的中国特色国家公园体制,交叉重叠、多头管理的碎片化问题得到有效解决,国家重要自然生态系统原真性、完整性得到有效保护,形成自然生态系统保护的新体制新模式,促进生态环境治理体系和治理能力现代化,保障国家生态安全,实现人与自然和谐共生。

四、实行最严格的生态环境保护制度

习近平总书记强调:"推动绿色发展,建设生态文明,重在建章立制,用最严格的制度、最严密的法治保护生态环境。"[1]深化生态文明体制改革,要尽快把生态文明制度的"四梁八柱"建立起来,把生态文明建设纳入制度化、法治化轨道。一是要修订制定法律法规。要深化对长城、大运河、长征、黄河、长江等文化遗产保护法律问题的研究和法规修订的论证,推动保护传承利用协调推进的理念入法入规。沿线省份要结合实际修订制定配套法规规章,规范和约束各国家文化公园遗产保护传承利用行为。要严格执行文物保护法、非物质文化遗产法等法律,规范和约束国家文化公园遗产保护传承利用相关行为,整合各类执法资源,强化执法力量建设,依法查处各类违法事件,持续实施长城抢救性保护,大力推动长城预防性保护,全面改善国家文化公园各文物本体

---

[1] 《习近平谈治国理政》第二卷,外文出版社2017年版,第396页。

及周边环境保护状况。要加大环境督查工作力度,实行省以下环保机构监测监察执法垂直管理制度,严肃查处违纪违法行为,着力解决生态环境方面突出问题,让人民群众不断感受到生态环境的改善。二是健全自然资源资产管理体制,加强自然资源和生态环境监管,推进环境保护督查,落实生态环境损害赔偿制度,完善环境保护公众参与制度。

五、推进实施重大工程

充分发挥长城等国家文化公园沿线地方党委、政府主体作用,围绕长城文物、文化资源保护传承利用协调推进目标,系统推进国家文化公园文物、文化资源保护传承利用基础工程。

(一)推进实施保护传承工程

实施国家文化公园及沿线文物重大修缮保护项目。贯彻落实文物保护法及世界遗产保护管理工作相关要求,充分把握各地文化遗产特征,对濒危损毁文物进行抢救性保护,加强长城等物质文化遗产与周边环境风貌、文化生态的整体性保护,兼顾合理利用需求。严格执行文物保护督察制度,强化各级政府主体责任。

加强国家文化公园的文化景观及周边生态环境保护。结合省级保护规划,建立并推行长城等国家文化公园及周边环境风貌保护管控清单,提出详细建设要求和约束条件,禁止不符合保护传承要求的项目建设,加强对城乡发展、产业发展的引导和整治,消除过度人类活动等对长城文化遗产保护的不利影响,加大管控力度,严防不恰当开发和过度商业化。

增强长城等国家文化公园的文化遗产传承活力。强化顶层设计和统筹协调,突出各公园的主题特色,分级分类建设文化主题博物馆、遗址博物馆、陈列馆、展览馆等,形成完善的文化展示体系,探索"互联网+"、虚拟现实等互联网、数字化展示手段,形成特色突出、互为补充的综合展示体系。建设完善一批教育培训基地、社会实践基地等。

建设国家文化公园遗产监测预警体系。建立"国家—省级—县级—重要点段"多级长城监测预警体系。建立长城监测预警机构,壮大专业技术队伍,设立完善长城监测预警平台,在做好人工巡查、测绘分析等人工监测的基础上,探索利用无人机等新技术、新设备,逐步实现技术监测与人工监测的有机结合,关注长城本体、文化景观、生态环境及管理工作变化情况,并充分利用资源信息平台进行信息化、精细化管理。

推出长城等国家文化公园形象标志,串珠成线、连线成片,打造广为人知的视觉形象识别系统。

(二)推进实施研究发掘工程

深入挖掘国家文化公园蕴含的宝贵精神内涵,开展相关专题研究。深化国家文化公园的文化价值研究。加强国家文化公园文化系统的研究,多层次、全方位深化对文化内涵的认知,展现遗存承载的文化,弘扬历史凝练的文化,突出整体辨识度。加大国家社科基金等支持力度,构建与国家文化公园建设相适应的理论体系和话语体系。因地制宜开展国家文化主题宣传教育。依托文化和自然遗产日、重要传统节日、重大纪念日,开展国家文化公园沿线非物质文化遗产主题展示和传播活动,定期组织大型展演,鼓励有条件的地方打造实景演出。推动长城、大运河、长征、黄河、长江文化元素进社区、进校园、进企业,统筹利用国家文化公园沿线的历史遗存、革命文物、爱国主义教育基地等资源,开展丰富多彩的实践体验活动,鼓励有条件的学校开展研学实践等相关文化教育活动。加强专题文艺创作。开展专题采风活动,推出一批体现国家文化公园文化特点、适合在其沿线城市开展的各类文艺活动,拍摄电视专题片。讲述历史和当代故事,深化全社会对长城、大运河、长征、黄河、长江的认知,切实增强文化自信,大力推动中国文化走出去。

(三)推进实施环境配套工程

要改善旅游交通条件。编制国家文化公园规划,以国家文化公园沿线省区市国土空间规划及交通运输规划、旅游规划等为依托,打通断头路,改善旅游路,贯通重要节点,强化与机场、车站、客运枢纽等衔接,打造集交通、文化、旅游、游憩于一体的复合廊道。要保护并修复国家文化公园所在区域自然生态环境。加大草原保护、湿地保护、土地沙化防治和环境卫生治理力度，整治对所在国家文化公园景观环境造成负面影响的建筑物，合理控制沿线及周边开发建设强度，维持公园所在地城市地域环境特色。要完善旅游公共服务配套。在各景区合理设置旅游咨询中心、游客集散中心、区域性旅游应急救援基地，以及导览导游、休憩健身、旅游厕所等旅游公共服务设施，改造提升沿线景区水电、安全消防、医疗救援等应急设施，科研、会展等公益设施，宾馆、酒店和文化消费等必要商业设施，完善垃圾污水收集转运等公共卫生设施并强化规范管理，推进绿色能源使用，健全标准化服务体系。

（四）推进实施文旅融合工程

编制长城、大运河、长征、黄河、长江和旅游融合发展专项规划。科学规划精品线路。丰富休闲娱乐产品和服务，开发培育世界文化遗产研学游、华夏历史文明体验游、沿线古都游、沿线古镇记忆传承游，以及长城、长征故事特色专题游等各具特色的精品线路。培育文化旅游品牌。强化区域间文化和旅游资源整合和旅游服务协作，重点培育文化旅游产品、文化旅游节庆、文化旅游企业等子品牌，不断推出富有创意、受市场欢迎的系列文化旅游产品。完善丰富文化旅游市场推广体系，开展相关文化旅游品牌塑造和推广营销活动。推动产业聚集融合。鼓励和引导国家文化公园沿线地区立足文化特色和区域功能定位，深入发掘地域文化资源，积极发展与主题相关联的创意设计、数字文化、体育休闲、演艺娱乐、乡村旅游等特色产业，优化产业结构布局，发挥集群效应，打造一批文旅融合示范区，培育一批有竞争力的文旅企业。

（五）推进实施数字再现工程

加强数字基础设施建设。推动智慧旅游建设，逐步实现主要文化遗产点段、文化旅游景区等重点公共区域免费无线网络（WiFi）和第五代移动通信网络（5G）全覆盖。打造永不落幕的网上空间。利用现有设施和数字资源，建设国家文化公园官方网站和数字云平台，对文物和文化资源进行数字化展示，对历史名人、诗词歌赋、典籍文献等关联信息进行实时展示。加强数据信息共享交换。推进"互联网+"建设，依托国家数据共享交换平台体系，建设完善文物和文化资源数字化管理平台，开展代表性文化遗产数字资源采集，建立完善各类专题数据库和遗产监测预警体系，推动国家文化公园遗产信息资源数据共享、开发利用。

第二节　坚持贯彻新发展理念

建设国家文化公园，必须完整准确全面地贯彻创新、协调、绿色、开放、共享的新发展理念，使中华优秀传统文化、革命文化、社会主义先进文化、创新文化等在国家文化公园中能够借助于新技术、新装备进行呈现，让文化事业更繁荣，让文化产业更辉煌。

一、国家文化公园建设应遵循创新发展理念

创新是新时代的需要，更是国家文化公园事业发展的需要。在创新理念引领下，国家文化公园的创新发展需要明确以下要义。

（一）创新发展理念

创新就是要进一步解放思想，破除一切束缚创新驱动发展的理念和体制机制障碍。新时代，国家文化公园的规划、建设、运营要实现可持续发展，在发展理念上更要进一步创新，切实做到与时俱进。国家文化公园建设，从本质意义上来讲，是在我国国民经济持续、健康、稳步发展的历史进程中应运而生的。我国启动国家文化公园建设，并要求其体现全民性、公共性，体现了党和国家管理文化事业的一种理念创新，是深得民心的一项文化惠民措施。在建设国家文化公园过程中，要不断创新发展理念，切实增强时代感、责任感、紧迫感，进一步强化规划、运营管理，不断提升公共文化服务质量。随着时代的发展、社会的进步，国家文化公园建设、发展的方式和过程必须树立成本效益理念，文化宣传一体化理念，用经济的视角和手段推动文化发展，将经营和营销理念注入国家文化公园运营工作的全过程，在文化与经济的结合点上做文章，改变思

维模式,树立"双赢"理念,依靠社会力量,吸收社会各方面力量依法参与,奋力走出一条自我建设、自我完善、自我发展之路。转变理念是新时代的需要,也是新时代国家文化公园事业发展的需要。

(二)创新管理方式

创新应坚持问题导向,破除一切制约创新的思想障碍和制度藩篱,释放创造活力。未来的国家文化公园要赢得事业的发展,关键在于对自身的管理进行创新。同时,涉及国家文化公园管理的部门很多,各个部门考虑问题都有不同的角度,形成多头管理、各自为政、相互掣肘的局面,不利于充分发挥国家文化公园的功能作用,严重制约着国家文化公园的建设和管理。未来,在国家文化公园规划、建设、运营中,应当加大创新力度,切实发挥国家文化公园自身服务国家文化事业、提升民族文化自信的作用。

(三)创新教育方式

国家文化公园参观游览区的展览、陈列对游客而言,比教科书更有较强的直观性、互动性和震撼性。只有从观众喜闻乐见的角度出发,推出展览、不断创新国家文化公园的宣传教育方式,才能吸引公众关注国家文化公园、走进国家文化公园、热爱国家文化公园,进而培育公众的国家文化公园情结,使国家文化公园特别是其参观游览区成为公众不可缺少的文化生活场所。另外,国家文化公园还因观众层次、年龄、地域等情况的不同,对展览内容存在着需求差异的问题。因此在展览策划和宣传教育时,要充分考虑不同观众的喜好和需求,因地制宜地、创新性地做好展览。新时代,国家文化公园的教育工作应在以下方式上有所突破和创新:一是在举办基本陈列上有所创新。国家文化公园参观游览区的基本陈列是向社会公众进行教育的主要手段,也是国家文化公园展陈工作的中心环节,更是国家文化公园开展教育的首要工作。国家文化公园要通过自我研发、整合创造,或强强联合鼎力打造,或对外运作引进等方式,不断推出深受观众欢迎、贴近生活实际的基本陈列。通过对公众进行开放,从整体上扩大国家文化公园的对外影响力和吸引力。二是在举办临时展览上有所创新。临时展览是吸引观众的最佳方法和有效手段,也是扩大宣传的有效方式。临时展览可以弥补基本陈列的单一性，从多方面满足不同层次观众的需求。另外，临时展览对于增强国家文化公园展陈活力、发挥国家文化公园的教育职能、促进对外交流与合作起着重要作用。国家文化公园应根据不同年龄段的未成年人的身心特点和实际需求，开发贴近未成年人学习和兴趣爱好，集知识性、教育性、互动性于一体的社会教育展览，将国家文化公园的展览陈列打造成深受孩子们欢迎的综合性教育教学实践基地和第二课堂，同时加强与高校长期合作，积极发展大学生加入国家文化公园的志愿服务行列中，促进志愿服务活动长期化、机制化，为公众提供特色志愿讲解等志愿服务，更好发挥国家文化公园社会教育功能。另外，可开展贴近成年公众需求的文化专题讲座等活动，发展和壮大国家文化公园之友和志愿者队伍，让更多的成年公众参与国家文化公园的社会教育。三是在举办数字国家文化公园和特色巡展上有所创新。数字化国家文化公园可以打破空间限制，拉近国家文化公园与观众间的距离。利用数字国家文化公园及流动展览的优势，展开长城、大运河、长征、黄河、长江文化宣传教育，努力培养公众的参观兴趣，也是加强对外交流的有效手段，可以最大限度地解决观众参观游览国家文化公园在时间和空间上的不便，努力培养大批关注和热爱国家文化公园的观众。国家文化公园要以馆藏基本陈列为依托，以教育不同观众群体为着眼点，按照贴近实际、贴近生活、贴近群众的要求，有针对性地开展形式多样、丰富多彩的特色巡展，将馆藏精品文物、本地革命历史等相关内容进行有效整合创新，制作成既含展览、影音及实物，又有配套讲解、专题讲座的教育资源，将其送入学校、部队和社区，这样既能够对公众进行爱国主义教育、向公众传播文化知识，又能够拓宽国家文化公园对外宣传教育的领域，进一步增进公众对国家文化公园的了解和认知，架起国家文化公园与公众之间的桥梁。

（四）创新陈列手段

不忘历史才能开创未来，善于继承才能善于创新。新时代，国家文化公园的陈列要适应社会文化生活的新特点和人民群众的新期待，不断提升国家文化公园对观众的吸引力，注重陈列内容的丰富和形式的创新，把知识性、趣味性和观赏性有机结合起来，增强展览的表现力和感染力，尽力推出更多的原创性展览、特色性展览，吸引、培养公众爱上国家文化公园。要认真系统地梳理国家文化公园内的文物和文化遗产，让富含中华传统文化的文物和文化遗产活起来。举办陈列的主要目的是为了更好地发挥国家文化公园的教育职能作用，倘若国家文化公园陈列展厅内只是陈列一些文物文化遗产或是仅仅由讲解员介绍历史和展品，对于现代观众来说就可能缺乏吸引力。因此在新的陈列布展和临时陈列中，应采取多种方法来发挥国家文化公园的教育功能：可以运用科技手段丰富展示内容，变单一平面展示为立体展示，或采用多种方式相组合的现代化生动展示；改变陈列见物不见人、重物不重人的陈列方式；在陈列的吸引力和服务功能上，以观众需要为中心加以设计，采用情景再现的方式布展，让爱国主义教育和中华民族传统文化陈列的表现形式更加生动、鲜活，亦可运用声、光、电技术再现历史场景，丰富陈列展示效果。

（五）创新宣传方法

开展国家文化公园宣传工作是国家文化公园的一项重要职能。国家文化公园宣传工作开展的优劣在很大程度上体现出国家文化公园的整体业务水平、从业人员综合素质及敬业精神的高低。做好博物馆宣传工作，不仅能够较好地对公众开展爱国主义教育、普及科普知识，同时也能凸显国家文化公园这所社会大课堂的重要作用。以往传统单一地停留在博物馆里对照展览搞宣教的方式，已经无法适应宣传教育普及的深度和广度的需要。新时代要运用好新媒体的传播效能，在国家文化公园自己的网站、公众号、视频号上多做功课，多做文章。利用新媒体传播速度快、受众面广、制作成本低等特点，大力发布社会关注的热点、难点及国家文化公园的展览信息，传播文物文化遗产及其蕴藏在背后的文化和故事等，真正让国家文化公园走进大众的视野，让收藏在国家文化公园中的文物文化遗产被公众所熟知，实现从公众关注国家文化公园、认识国家文化公园，到走进国家文化公园，进而逐步爱上国家文化公园的方向转变。坚持国家文化公园宣教工作的阵地化和对外宣传广泛化相结合，创新国家文化公园实体展览现代化与虚拟展览科学化共同提高的新模式，增加公众对国家文化公园的关注度，实现国家文化公园的社会效益最大化。时代是出卷人，我们是答卷人，人民是阅卷人。在新时代的新征程上，国家文化公园的工作大有可为，国家文化公园工作者使命光荣。新时代，广大国家文化公园工作者要在创新上发力，增强创新工作的主动性，用创新拥抱新时代，以创新与新时代同频共振，使国家文化公园真正融入新时代创新发展的大背景，充分发挥国家文化公园的各项职能，在符合国情的国家文化公园发展之路上铿锵迈进，让璀璨夺目的中华文明绽放出无愧于时代的新辉煌。①

目前，国家文化公园参观游览区的博物馆基本展示的都是历史见证物，很少有国家文化公园展示动态的非物质文化遗产、非物质类红色文化遗存，而非物质文化遗产、非物质类红色文化遗存的收藏和保护同样也是国家文化公园的基本使命之一。中华民族创造了丰富多彩的非物质文化遗产，中国共产党带领中国人民创造了光辉耀眼的非物质类红色文化遗存，它们犹如一座熠熠生辉的巨大宝库，成为中华各民族团结的象征和联系世界的桥梁。如果将这些非物质文化遗产、非物质类红色文化遗存引入国家文化公园，通过国家文化公园这样一个开放性的文化场所来收藏、保管、研究、宣传、展示，对于国家文化公园与非物质文化遗产、非物质类红色文化遗存的传承保护本身皆大有裨益。另外，传统展览大多以"物"为对象，要实现从"物"到"人"，从"静态"到"动态"的转变，国家文化公园的展览业态理念需要更新。作为国家文化公园，我们要记录这个国家的发展，便需要注重国家文化的收藏和保护，借助现有展陈场地、研究人员和宣传能力，拓展我们的社会服务功能，承接更多非遗类展览、非物质类红色文化遗存展览，把非物质文化遗产、非物质类红色文化遗存引进国家文化公园，留下国家独特的文化内涵和记忆。

二、国家文化公园建设应遵循协调发展理念

"协调"是持续健康发展的内在要求。在"协调"理念引领下，推进国家文

---

① 王天军：《试论新时代博物馆的发展理念》，《黑河学刊》2021年第11期。

化公园的协调发展，需要着重关注以下三个方面：

一是保护和利用之间的协调。国家文化公园发展的依托是其中丰厚的文化资源。长城国家文化公园发展的依托是长城城墙、墙垛、箭楼等文物，大运河国家文化公园发展的依托是大运河、河岸、设施等，长征国家文化公园发展的依托是长征沿途遗址、遗迹等长征遗存，黄河国家文化公园发展的依托是黄河、沿岸水车等设施，长江国家文化公园发展的依托是长江流域历史文化名镇（村、街区）和水体、湿地、山川、林木等传统文化风貌。上述文物、遗存、设施、旧址、档案、文献、风貌等，都是国家文化公园发展的基础，也是游客最为看重的文化载体。没有了这些文物、遗存、设施、旧址、档案、文献、风貌等，或者其受到了毁损、破坏，国家文化公园的开放、运营，也就成为无源之水、无本之木。由此，文化藏品的保护是国家文化公园的基础与根本。但是，为了保护文化藏品本体的安全，将其简单地封存、封闭、尘封，也不是我们保护文化藏品的目的，更不是建设国家文化公园的初衷。建设国家文化公园，就是要在文化藏品保护的基础上，以文化藏品安全为前提，与文化藏品的历史价值、文化内涵相适应，在遵守公园最大承载量的基础上，对其进行合理的利用，最大限度地发挥文化藏品在增进民众文化自信、提升民众文明素养、促进民众道德水准方面的作用。

二是推动跨区域国家文化公园之间的协调发展。国家文化公园，跨越国内多个区域、地区。为此，在国家文化公园的规划、建设、运营中，应建立区域之间的协调机制，就跨区域之间的事宜进行沟通、协调、落实，发挥国家文化公园的最大效益。

三是推动国家文化公园建设、运营中的部门间协调。国家文化公园的建设、运营涉及多个政府部门，协调相关政府部门的工作，是国家文化公园规划、运营的重要保障。在国家文化公园的规划方面，要做到不同规划之间的协调与衔接。根据不同规划的层级、效力，编制时要以国家、地方的经济与社会发展规划为依据，要与同级国土利用规划、城乡建设规划、生态保护规划、交通规划、文物保护规划等相衔接。下级规划不得与上级规划相冲突，不同区域的规划之间应相互衔接；在国家文化公园的运营方面，县级以上人民政府自然资源、交通运输、住房与城乡建设、文化和旅游、公安等有关部门在制作辖区地图、路标指引、开放公众服务平台、建设公交站台、设置旅游交通标志和设施标识牌时，应当包含相关国家文化公园的内容。

三、国家文化公园建设应遵循绿色发展理念

在国家文化公园规划、建设、运营工作中，践行绿色发展理念必须深入学习贯彻习近平生态文明思想，全面践行绿色发展理念。

一是科学选址与规划设计。国家文化公园参观游览区的选址与规划设计是一个集合土地利用变化、设施布局、生态环境影响于一体的综合过程，要能够与周边生态环境相协调。场馆设施的选址方案要符合国家文化公园各功能区的定位和保护利用的要求，从而实现国家文化公园统一保护、统一管理的目标。设施的规划设计应该遵循最小干扰、整体性及地域性原则。最小干扰原则提倡减少体量、减少废弃物、减少能源的简要设计，不能对国家文化公园参观游览地的自然环境、文化生态产生过多的干扰。整体性原则要求设施修建不要造成景观生态系统破碎化，维系好山水林田湖草这个生命共同体。而地域性原则强调设施建设应该符合当地的自然与文化特色，并有利于施工和后期维护。

二是园区、场馆的建设与低碳管理。国家文化公园及其场馆的建设与管理实行绿色理念，在场馆、设施建设管理过程中，应充分尊重自然规律，提倡绿色建筑、绿色建造、绿色建材、近自然修复，在满足建设功能的前提下，寻求最小体量及最小干扰的施工建设方法，以有机循环再利用的理念建设一套有机循环系统，包括碳循环、水循环、污水处理、垃圾回收利用、绿地系统等。低碳管理倡导能源高效利用和清洁能源开发，做到降低消耗、减少污染物排放、制止浪费；有效开发太阳能、风能、小型水能或生物质能等清洁能源，具备条件的国家文化公园可以实现能源的外部规模化生产，再输入供给内部。

三是对国家文化公园内的博物馆、纪念馆进行全方位科学绿化。包括馆外、馆内要缜密研究，精心设计，合理布局。在有利于建筑设施和博物馆藏品

保护的前提下，对国家文化公园所属博物馆、纪念馆进行全方位立体绿化。要在地面、墙体、屋顶等处进行综合绿化，充分利用藤蔓植物设置绿墙、绿篱、棚架，营造多空间、多角度的绿色效果；将园林设计深入国家文化公园所属博物馆内部，例如，在大厅、楼道拐角、阳台、楼顶等处设计喷泉、瀑布、长廊、花坛，与馆外的绿地树木、池塘、亭阁、林荫道等融为一体，使国家文化公园与大自然和谐统一。

四是研发与应用生态技术。国家文化公园的馆舍、设施建设措施，尽可能应用环境友好型或与环境共生的生态技术。在遵循国家有关建设法规标准的前提下，学习借鉴国内外已有研究成果，针对各类服务和管理设施的特点，研发适合国情区情园情的资源与材料替代技术、排放减量技术、废弃物再利用和资源化技术，因地制宜地应用到材料选择、施工建设和管理维护等环节，及时总结经验教训，制定各类设施建设标准规范或技术导则，并形成中国国家文化公园设施建设与管理的生态技术体系，为我国国家文化公园的场馆、设施生态化创新发展提供科技支撑。

五是监测评价国家文化公园文物及文化资源的绿色发展进程。科学设立相关指标，建立监测与评价体系，对国家文化公园文物、文化资源及周边文化环境开展持续动态监测，了解国家或省级重点文物保护单位内文物、文化遗产的消防、治安、水灾防范、自然侵蚀等变化情况。同时结合场馆设施的结构、性能和游客满意度，综合评估场馆设施建设对文化遗产的安全和周边文化生态的作用与影响，根据评估结果，制定相应的改进措施，不断优化国家文化公园设施建设布局和功能，从而达到保护与利用的有机统一。

六是提高利益相关者对绿色发展、生态保护的认识。国家文化公园的文物及文化资源属于国家所有、全民共享，涉及的利益相关者众多，包括决策者、管理者、经营者、规划设计者、施工者、监管者、游客、当地社区居民等，他们对绿色发展、生态保护的认识水平直接关系到国家文化公园场馆设施的绿色建设、绿色运营工作进程。因此，要采取多样形式，让相关利益主体充分认识到国家文化公园不同于一般的城市公园或旅游景区，而是重要的文化保护示范区域,应在文物、文化资源保护的前提下有限利用资源,推行绿色发展方式,避免过度开发和浪费。

四、国家文化公园建设应遵循开放发展理念

"开放"是国家繁荣富强的必由之路,它自然也是中国国家文化公园发展的必由之路。中国国家文化公园的开放发展在新的阶段应重点明确以下几点:

提升国家文化公园的"开放品质",推进不同类型国家文化公园之间的开放,推动长城、大运河、长征、黄河、长江国家文化公园之间的相互开放,推进不同类型的文物、文化遗产在其他类型国家文化公园参观游览区的陈列、展览,丰富不同类型国家文化公园的藏品建设,提升不同类型国家文化公园陈列、展览的吸引力,使得游客可以在同一个国家文化公园内了解到不同类型的文物、文化遗产,提升游客的参观感受,降低游客参观游览的成本。推进不同区域同一类型国家文化公园文物、文化遗产之间的开放与交流。

五、国家文化公园建设应遵循共享发展理念

国家文化公园的建设,是国家推进文化共享的重要战略性举措。为了推进文化共享,我国在实践中采取了循序渐进的策略。从博物馆、图书馆、艺术馆到历史文化街区、历史文化名城等,为不同经济收入、不同社会阶层、不同社会背景的民众提供了个性化、多样化、多层次的文化生活空间。国家文化公园的建设和运营,就是要在前述博物馆等公共文化场所、文化设施建设的基础上,依托长城、大运河、长征、黄河、长江等跨区域的文化遗存、文化遗迹、文化遗产等,为民众建设起更为宏大的公共文化空间,进一步丰富公共文化服务的内容,为实现中华民族伟大复兴汇聚起更加磅礴的文化力量,为新时代中国特色社会主义建设提供更加强大的精神动力。

在国家文化公园建设中,要落实共享理念,应当做到以下几个方面:

第一,国家文化公园应免费或低票价对社会开放,让全民共享国家文化。

是否向游客收费、收费标准的高低,不仅关系到国家文化公园设施设备场馆的正常维护,也关系到民众能否进入公园,关系到共享文化理念的全面实现。近些年来,国家推行革命博物馆、纪念馆等向社会公众免费开放政策以来,大量的民众走进了博物馆、纪念馆,近距离地感受光辉灿烂的中华文化,在行走文化遗产、文化遗迹、文化产品之间增强了文化自信,提升了作为一个中国人的自豪感、自信心。由此,为了全面贯彻共享文化的理念,有必要在国家文化公园建立之初,就明确其应对社会实施免费开放或低票价开放的政策,让更多的社会公众走进国家文化公园,品味博大精深的中华文化。

第二,国家文化公园应采取数字化开放,让全民更加便利地共享国家文化。今日的社会,是数字化社会。发达的网络技术,让更多的民众,无论身处何地,都可以借助智能终端设备,超越时空的限制,远程浏览、观看、欣赏、品味国家文化公园内的文物、遗存、遗物、文献、档案等藏品,是数字化时代共享文化理念全面贯彻实施的重要内容,也是数字化时代国家文化传播、文化交流的有效形式。需要明确的是,将国家文化公园内的文化藏品借助于数字化形式进行展示、传播,也是促进文化产业发展的重要路径。国家文化公园中的诸多文化藏品,蕴含着丰厚的文化底蕴,是文化艺术界人士进行文艺创作的源泉和基础,是文艺发展繁荣的根基。为此,就需要在国家文化公园的规划、建设、运营之初,充分利用数字技术,将国家文化公园内的诸多文化藏品进行数字化处理、加工、传播,让更多的民众可以借助网络,去感受国家文化的光辉与灿烂。

第三,国家文化公园的规划、建设、运营,要关注残疾人等特殊群体,实现不同群体无差别地享受国家文化。能否保障残疾人等特殊群体能够进入国家文化公园参观、游览、体验、感受中华文化的博大精深、汲取中华文化的丰厚滋养,是共享理念在国家文化公园是否得以全面贯彻的重要体现和标志。残疾人、老年人、青少年儿童等群体,与常人相比,在行动的便捷性、收入的稳定性、心理的承受力等方面存在着一定的差距。这些方面的差距,使得残疾人等特殊群体在进入国家文化公园时存在一定的困难。同时,先期建设的国家文化公园,因其地理位置的特殊性,残疾人等特殊群体在进入、观看、体验时存在着特殊的困难和障碍。如果国家文化公园在规划、建设、运营时不予以考量，前述困难和障碍就将成为残疾人等特殊群体进入国家文化公园的拦路虎，从而使其在客观上、事实上被排除在国家文化公园之外。但是，要满足残疾人等特殊群体进入国家文化公园的需求，铺设无障碍通道，建设无障碍厕所，施划无障碍车位等，势必要增加国家文化公园的建设、运营成本。对此可考虑社会企业的慈善捐助等方式。为保障残疾人等特殊群体平等感受中华文化、平等发展的合法权益，国家文化公园的规划者、建设者、运营者应全面贯彻《残疾人权益保障法》《老年人权益保障法》《未成年人保护法》等法律，确保残疾人等特殊群体能够与其他游客一道平等地享有文化权益。

第四，国家文化公园规划、建设、运营，应关注公园周边居民，让当地民众能够共享国家文化公园发展的收益。国家文化公园，面积广大，涉及众多居民。这些居民，无论是居住在国家文化公园内部，还是生活在国家文化公园周边，都与国家文化公园的建设、运营息息相关。当然，也会有居民因国家文化公园的建设、运营而受益。对于那些因国家文化公园规划、建设、运营而在利益方面受到损失的居民而言，应得到正当的补偿。补偿的方式有多种，例如经济补助、工作机会、商业铺面等。为了保障那些因国家文化公园规划、建设、运营而利益受损的居民，也为了让更多的居民分享国家文化公园繁荣发展的收益，我们有必要在规划、建设、运营国家文化公园时，对公园周边居民的利益给予充分的考虑，让国家文化公园的规划、建设、运营得到周边居民更多的理解、支持、参与，让国家文化公园的可持续发展能够拥有更坚实的群众基础。

第三节　建立和完善国家文化公园的管理体系

一、建立国家文化公园协调机制

国家文化公园协调机制是指国家文化公园涉及的地方之间及同一地方不同相关行政部门间进行协调以推进国家文化公园建设、运营的机制，其具体形式有国家文化公园领导小组、联席会议等。建立上述协调机制，其意在协调相关政府部门、地方，就国家文化公园发展中的重大事项进行沟通、协调，以形成推进国家文化公园发展的合力，为国家文化公园的建设、运营提供良好的环境。目前，考虑到国家文化公园的线性分布特点，部门之间、地方之间在统筹协调方面存在较多问题的现实，国家文化公园参观游览所在地已经初步确立了国家文化公园协调机制，为未来的国家文化公园规划、建设、运营的协调提供了坚实的体制保障。

二、建立国家文化公园规划管理体系

规划是国家文化公园根据特定目标，依据公园所在位置的现实基础，就未来建设、运营作出的基本安排，对于国家文化公园的建设、发展有着重要的意义。对于长城、大运河、长征、黄河、长江等国家文化公园来说，由于其跨越多个省份，为了确保不同地域同一主题国家文化公园建设、运营的协调，更需要规划发挥指引、规范作用。要保证规划发挥应有的效力，应当采取有效措施，建立国家文化公园规划管理体系，包括专项保护规划、文旅融合规划、交通规划、文物及文化遗产教育解说系统等专项规划。

三、建立国家文化公园参观游客管理体系

参观游客管理体系，是指为了保障国家文化公园管理的文物、文化遗产的安全，保障游客参观游览的舒适度，保障参观游览的正常秩序，国家文化公园根据事先确定的公园最大承载量，通过预约、预报等方式，对进入国家文化公园参观游览的游客数量进行调节的管理体系。国家文化公园内的展览馆、博物馆、纪念馆场地，无论从其建筑面积而言，还是从馆藏文物、文化遗产自身的安全保障而言，以及游客的舒适度而言，都有一个最大承载量。在最大承载量范围内，文物、文化遗产是安全的，不容易被踩踏、挤压，游客的体验、感受也是舒服的。超过了承载量，文物、文化遗产的安全保障就存在巨大风险，游客自身的舒适度也将下降。为此，要落实参观游客管理体系，首先应依法依规确

定国家文化公园的最大承载量；其次，应采取预约、限流等措施，对进入国家文化公园的游客数量进行调整；最后，国家文化公园采取的预约、限流等措施应事先向社会公告，以保障游客的知情权、选择权。

四、建立国家文化公园特许经营管理体系

特许经营，是指在不破坏文物、文化遗产的基础上，国家文化公园管理机构通过招标、投标、专家评审、听证会、决议等方式开展竞争性遴选，确定被特许人，依法授予相关市场主体在公园内开展相关服务活动的特许权。被特许人依据国家文化公园特许经营合同开展经营活动，为参观游客提供创意商品买卖、住宿服务、园内交通等服务，并按合同向公园缴纳费用，日常经营行为接受公园监督。通过特许经营，既为参观游客提供了服务，同时也增加了公园的收入，拓展了公园的收入渠道，减轻了国家负担。目前，国家文化公园特许经营的范围、遴选程序、合同内容、费用缴纳标准、特许费用支出方向、费用监督等制度，尚未确定，需要通过国家文化公园立法加以完善。

五、建立国家文化公园安全保障和应急救援体系

安全保障和应急救援体系，是指为了保障参观游客的人身、财产安全以及文物、文化遗产的安全，国家文化公园通过建立规章制度及人员培训、采购设施设备、定期应急演练等所创立的体系。从参观游客的安全保障而言，国家文化公园主要应根据公园的实际情况，依据国家相关安全规范、标准，确保公园内的相关建筑、设施、设备等符合要求，确保人员培训及定期演练符合要求。从文物、文化遗产的安全保障而言，国家文化公园应根据公园实际，采取有效措施，确保文物、文化遗产的治安安全、消防安全等。建立安全保障和应急管理体系，对于长城、大运河、长征、黄河、长江等国家文化公园而言，十分必要。为了最大限度地保护参观游客人身财产安全，保障国家文化公园的文物及文化遗产安全，有必要依法依规采购相应设备，配备必要人员，强化日常巡查，开展定期演练。

国家文化公园救援服务体系包括下列内容：①国家文化公园救援主体。根据《中华人民共和国突发事件应对法》的规定，突发事件的应急救援主体是当地县级人民政府。涉及两个以上行政区域的，由有关行政区域共同的上一级人民政府负责，或者由各有关行政区域的上一级人民政府共同负责。据此，国家文化公园应急救援主体是国家文化公园参观游览地所在地县级人民政府或者参观游览地所在行政区域共同的上一级人民政府。②国家文化公园应急救援服务预防性机制。国家文化公园应急救援预防性机制是对国家文化公园内突发事件的监测与预警，这对事后的救援有着重要的支撑作用。对于国家文化公园突发事件的监测与预警，其主体同样应为县级以上人民政府。国家文化公园参观游览地管理机构负责收集与突发事件有关的信息，并及时上报。当可以预警的自然灾害、事故灾难或者公共卫生事件即将发生或者发生的可能性增大时，县级以上地方各级人民政府负责发布相应级别的警报，决定并宣布有关地区进入预警期，同时向上一级人民政府报告。③国家文化公园应急救援服务的运行。涉及国家文化公园的突发事件发生后，国家文化公园参观游览地县级人民政府应当针对其性质、特点和危害程度，立即组织有关部门，调动应急救援队伍和社会力量，依法采取应急处置措施。应急处置措施包括并不限于下列各项：组织营救和救治受害旅游者，疏散、撤离并妥善安置受到威胁的旅游者以及采取其他救助措施；迅速控制危险源，标明危险区域，封锁危险场所，划定警戒区，实行交通管制以及其他控制措施；立即抢修被损坏的交通、通信、供水、排水、供电、供气、供热等公共设施，向受到危害的参观游览人员提供避难场所和生活必需品，实施医疗救护和卫生防疫以及其他保障措施；禁止或者限制使用有关设备、设施，关闭或者限制使用有关场所，中止参观游览密集的活动或者可能导致危害扩大的生产经营活动以及采取其他保护措施等。

六、建立国家文化公园展陈内容审核管理体系

展陈内容审核是指国家文化公园将拟通过图片、实物陈列、语音导览、影像放映等方式向公众展示的特定主题涉及的人物、事件等，向特定机构报送，

提请审查、批准，以确保展览、展陈、讲解内容真实、完整、权威。在实践中，一些地方的展览、讲解词，在对一些人物、事件的描述、介绍中，存在着事实不够清楚、定性不够准确、事迹与影响有所夸大等问题，导致一些参观者对该主题展览反映的事件、人物及其意义的真实性存疑，进而影响了展览、讲解的效果，有的甚至会引发负面舆论。一般来说，长城、长江、大运河、黄河等国家文化公园的内容审核，主要应聘请长城、大运河、黄河、长江文化等方面的专家来完成，并根据最新研究成果定期更新、完善。对于长征国家文化公园，为了确保展陈、讲解内容在政治性、真实性方面的真实、完整、权威，应当按照现行规定的程序向特定机构报送，提请审核通过后再开展后续工作。国家文化公园管理机构违反现行内容审核规定，未将展陈、讲解内容进行报送并引发不良后果的，应依法依规追究相关人员的责任。

七、建立国家文化公园数据资源开放与共享管理体系

数据资源开放与共享是指国家文化公园借助于数字化技术，将公园管理的文物及其他文化遗产、文物的档案资料等进行数字化处理，并通过网络等方式与相关机构实现资源共享，并向社会开放。网络时代，借助于数字技术，国家文化公园的数据资源开放与共享能够满足观众数字化体验的需求，能够提升国家文化公园宣传的实效，也有利于相关学者对国家文化公园管理的文物及文化资源藏品的研究需求。国家文化公园在开展数据资源开放与共享工作时，首先要将其管理的文物名录、文化资源名录及其档案进行数字化处理，其次应在做好数据安全的前提下，依照国家相关法律、法规实现数据资源的共享与开放。

八、建立国家文化公园禁止性行为清单管理体系

禁止性行为管理体系，是指为了保护国家文化公园管理的文物、文化遗产、保护标志及周边环境，国家应将一些可能对文物、文化遗产、保护标志及周边环境造成严重损害的行为明令禁止并加以列举。不同类型的国家文化公

园,可能对文物、文化遗产、保护标志及周边环境造成严重损害的行为也不尽相同。例如,在长城国家文化公园,禁止性行为清单至少应包括:禁止在长城上取土、取砖(石)或者种植作物;架设、安装与长城保护无关的设施、设备;驾驶交通工具或者利用交通工具等跨越长城。在长城保护范围内,禁止性行为清单至少应包括:未经批准擅自进行其他建设工程或者爆破、钻探、挖掘等作业,修建坟墓或者种植危害长城安全的植物,依托长城建造建(构)筑物。在长城建设控制地带内,禁止性行为清单至少应包括:禁止建设污染长城及其环境的设施,禁止从事可能影响长城安全及其环境的活动。对于大运河国家文化公园来说,禁止性行为清单至少应包括:在大运河遗产区和缓冲区内,禁止擅自占用、填堵、围圈、覆盖大运河遗产河道水域;涂污、损毁或者擅自移动、拆除大运河遗产保护标识标志、界桩界标;破坏、侵占大运河遗产保护和监测设施。对于长征国家文化公园来说,禁止性行为清单至少应包括:禁止歪曲、丑化、亵渎、虚构、否定长征历史和长征精神以及相关人物、英雄烈士、事件。前述禁止性行为清单制度,让相关当事人明确自身行为的边界,对于保护国家文化公园管理的文物、文化遗产、标识及周边环境等有着积极的意义,应当认真宣传,使其周知。

第四节　国家文化公园的法制保障

对于中国而言,以法治的方式规划、建设、运营国家文化公园是一个具有一定基础的新事物。之所以说有一定基础,是因为国家文化公园的基础是文物、文化遗产的保护和利用。对于文物、文化遗产的保护和利用,我国已经出台了相关的法律、法规进行规范,如《中华人民共和国文物保护法》《中华人民共和国非物质文化遗产法》《长城保护条例》《浙江省大运河文化遗产保护条例》。上述法律、法规,是国家文化公园法治规划、建设、运营的重要基础。需要指出的是,借助于法治方式推进国家文化公园规划、建设和运营,涵盖规划、建设、运营、保护、传承诸多事项，涉及国家、地方、国家文化公园管理机构、社区居民等多方利益主体，跨越多个不同经济发展水平的地域，十分复杂，是一个新事物。目前，在建设法治中国的背景下，国家与地方在运用法治方式规划、建设、运营国家文化公园方面作出了积极探索，制定了相关的法规、规定、办法，为国家文化公园法治建设作出了积极的贡献。

一、国家文化公园法制建设基本思路

我们认为，国家文化公园法制建设应采取地方立法先行先试、国家立法逐步展开的思路。在地方国家文化公园法律和制度保障先行先试的基础上，国家应总结地方国家文化公园立法、执法、制度化等方面的经验，根据不同类型国家文化公园的具体情形，分别制定长城、大运河、长征、黄河、长江国家文化公园法律法规。国家文化公园对中国而言毕竟是一个新事物，对国家文化公园沿线各个地方来说也是一个新事物。新事物从开始到完善，有一个过程，需要时间的积淀和经验的积累。国家文化公园类型多样，沿线各地经济与社会发展程度也不尽相同。在国家文化公园建设起始之际，在国家文化公园建设、运营各方面的经验、规律尚未探索清楚之际，由国家基于不同类型的文化遗产，制定统一的国家文化公园法，既不现实，也不可能，更不应该。在建设法治中国的今日，在法治已经成为国家治理的基本方略的今日，国家文化公园的建设、运营当然需要立法的保障。在国家统一立法难以出台的情况下，由国家文化公园沿线有立法权的地方人大基于不同类型的文化遗产，开展国家文化公园的试验性、探索性立法和制度建设，就成为一个可行的选项。当然，国家文化公园规划、建设、运营涉及的利益相关方较多，立法过程中需要充分征询中央政府相关部委、地方政府、行业协会、社团组织和社区民众等各方主体的意见，并进行反复的修改、论证，做好与相关法律制度修订的衔接工作，以确保国家文化公园的良法善治。

在地方国家文化公园实验性、探索性立法的基础上，国家可以总结、提炼地方国家文化公园立法的经验、规律，同时借鉴文化公园建设、运营及文化公园立法先进国家的经验,基于国家文化公园的建设使命,根据不同类型文化遗产保护和传承的规律,分别制定长城国家文化公园法、大运河国家文化公园法、长征国家文化公园法、黄河国家文化公园法、长江国家文化公园法。

二、国家文化公园建设的法制保障

国家文化公园规划是特定政府主体在文化资源调查评价的基础上,针对文化资源的属性、特色和文化资源所在地的发展规律,根据社会、经济和文化发展趋势,对文化资源的开发与保护进行的设想和统筹部署,也是国家文化公园保护、建设、传承、利用等工作的基本依据。国家文化公园规划一经制定,非因法定事由、非经法定程序,不得擅自变更。根据规划覆盖的领域、包括的内容等,国家文化公园分为总体规划和专项规划。其中,总体规划根据规划编制主体的行政级别分为国家级总体规划、省级总体规划、设区的市级总体规划、县级总体规划。专项规划根据其所属专业领域分为交通规划、文化资源保护传承规划、文化和旅游融合发展等专项规划。在上述规划中,下级规划要服从上级规划,专项规划要与同级总体规划保持一致。

国家文化公园规划的编制。根据现行国家文化公园法规、规章,国家文化公园总体规划的编制由特定政府主体依据法定程序编制。例如,就长城国家文化公园规划的编制而言,依据《长城保护条例》第十条的规定,长城保护总体规划由国务院文物主管部门会同国务院有关部门,根据文物保护法的规定和长城保护的实际需要,制定长城保护总体规划,报国务院批准后组织实施。《贵州省长征国家文化公园条例》第四条规定,省人民政府应当编制本省长征国家文化公园建设保护规划。省有关部门应当根据国家和省相关规划、方案,制定长征文物和文化资源保护传承、文化和旅游融合发展、红色旅游交通运输等专项规划,市州、县级人民政府应当根据本省长征国家文化公园建设保护规划编制本地区实施规划。

国家文化公园规划的内容。不同级别主体编制的国家文化公园规划、不同领域国家文化公园规划,其内容不尽相同。一般来说,国家文化公园总体规划的内容包括：国家文化公园依托的文化资源之构成、文化资源保护的标准和保护的重点，不同类型主体功能区的范围、土地利用强度和建设规模，文化资源所在地生态与景观环境整治等。例如《绍兴市大运河世界文化遗产保护条例》第九条规定，市大运河世界文化遗产保护规划应当体现大运河世界文化遗产的保护要求，主要包括以下内容：大运河世界文化遗产和大运河其他遗产要素的构成、现状评估；分类分段分级保护的重点、标准、措施；确定核心区和缓冲区的具体范围，限定核心区、缓冲区土地利用强度和建设规模；考古、遗产展示、运河生态与景观环境整治、岸线管理保护等规划以及相关规划建议；保护规划分期实施方案。

　　国家文化公园的功能区域划分。功能区域划分，是指国家文化公园的管理主体依据国家文化公园总体规划，将国家文化公园内部划分为不同的功能区域，不同的功能区域承担的职能不同、保护的方式不同、管控的方式也不尽相同，体现了精准管理的理念。例如，《长城保护条例》第十一条将长城分为保护范围和建设控制地带。《浙江省大运河世界文化遗产保护条例》第九条规定，大运河遗产保护区划由遗产区、缓冲区组成。遗产区是指对大运河遗产本体及周围一定范围实施重点保护的区域。缓冲区是指遗产区外为保护大运河遗产的安全环境、历史风貌和视廊景观，对建设活动加以限制的区域。《贵州省长征国家文化公园条例》规定，长征国家文化公园分为管控保护、主题展示、文旅融合和传统利用四类主题功能区。管控保护区由不可以移动长征遗址遗存中已经核定公布的文物保护单位保护范围和新发现待认定的文物遗存临时保护范围构成；主题展示区是指管控保护区以及临近的周边区域，该区域以会议会址、战斗遗址、渡口、伟人旧居、宿营地、长征历史步道、烈士陵园、纪念馆、展览馆等长征文物或者展陈设施为载体；文旅融合区由县级以上人民政府以主题展示区为核心，依据就近就便、可看可览、主题协调的原则，结合周边区域特色历史文化、自然景观、民风民俗、现代文旅等优质资源规划建设，是文化旅游深度融合的示范区；传统利用区，是指红军长征行经、驻扎、战斗过的当地城乡居民和单位、社团的传统生活生产区域。传统利用区内应当合理保存传统文化生态，适度发展文化旅游、特色生态产业。

国家文化公园公共设施。国家文化公园的公共设施，是指为确保国家文化公园的正常运营、服务游客正常游览休憩等必需的设施，包括交通、供水、供电、网络、垃圾处理、公共厕所、停车场、安全、消防、医疗、救援等设施。缺乏上述设施，国家文化公园就无法正常运营，也无法保障游客正常游览休憩，无法保障游客的人身与财产安全。对此，相关立法作出了明确规定。例如，《河北省大运河文化遗产保护利用条例》第四十七条规定，大运河沿线各级人民政府应当根据旅游发展需要，加强基础设施和配套服务设施建设，完善水陆交通体系，实现大运河沿线码头与公路、铁路的有机衔接。鼓励大运河适宜河段发展旅游通航。《贵州省国家长征文化公园条例》第二十四条规定，县级以上人民政府应当统筹规划，建设完善长征国家文化公园的交通、供水、供电、网络、通信等基础设施。

国家文化公园标识。国家文化公园的标识，是指向游客、相关人员等展示国家文化公园区域边界、设施所在方位、相关功能区域的走向、不同功能区域的简要说明的标记、符号。良好的标识，应该能准确地体现国家文化公园依托文化资源的文化特征，同时也能够展现国家文化公园的主题特点。为了充分发挥国家文化公园标识的作用，相关立法对标识的位置、内容等作出了明确的规范。例如，《长城保护条例》第十三条规定，长城所在地省、自治区、直辖市人民政府应当在长城沿线的交通路口和其他需要提示公众的地段设立长城保护标志。设立长城保护标志不得对长城造成损坏。长城保护标志应当载明长城段落的名称、修筑年代、保护范围、建设控制地带和保护机构。《甘肃省长城保护条例》第十一条规定，省人民政府应当在长城沿线的交通路口和其他需要提示公众的地段设立长城保护标志。长城保护标志应当载明长城段落的名称、保护级别、认定编码、修筑年代、保护范围、建设控制地带、保护机构和公布机关及日期、树立标志机关及日期。设立长城保护标志不得对长城造成损坏。《嘉兴市大运河世界文化遗产保护条例》第十一条规定，市、县两级文物主管部门应当根据市大运河遗产保护规划设置大运河遗产标志牌以及大运河遗产区、缓冲区边界界桩，并建立大运河遗产所在地标识系统，向公众提供真实、完整的大运河遗产信息。

国家文化公园文化资源认定。国家文化公园的文化资源认定，是指特定主体依据法定程序，根据法定标准对国家文化公园建设依托的文化资源的真实性、价值、类型等作出的认定。根据目前国家确定的国家文化公园类型，国家文化公园建设依托的文化资源包括长城、长城遗址遗迹、大运河文化遗产、长征革命文物、长征遗址遗存等。文化资源，是国家文化公园建设的基础和依托。文化资源的认定，是国家文化公园建设的起点。文化资源的认定，是一件十分严肃的工作，不仅需要认定主体具备一定的资质，也需要履行一定的程序。未经法定主体，未经过法定程序，文化资源的认定结论就难以成立。因此，文化资源的认定，是国家文化公园法治体系建设的起点。我们认为，国家文化公园的文化资源认定制度，应当包括认定主体和认定程序。文化资源的认定主体，应当是省级人民政府。省级人民政府相关部门，如文物管理部门、退役军人保障部门、党史和地方志部门、民政部门等，可以参与相关类型文化资源的认定，对不同类型文化资源的价值、属性、级别等提出各自的专业性意见。在文化资源的具体认定工作中，根据文化资源的不同类型，可以由不同的行政管理部门承担具体的组织工作，对文化资源的认定提出初步的结论，最终的认定结论，由省级人民政府作出。之所以由省级人民政府承担文化资源的认定工作，主要是根据文化资源认定工作的专业性、严肃性以及不同层级政府拥有的专业认定资源来确定。在文化资源的认定过程中，为确保认定结论的准确、客观、公正，应当聘请与文化资源属性相对应的学科专家在认真调查的基础上提出初步的认定意见，听取相关利害关系人的意见，并将初步的认定结论向社会公开。对于社会各界提出的有充分证据支持的不同主张，应当给出明确的反馈。

国家文化公园的民众参与。民众既是国家文化公园的受益者，也应成为国家文化公园规划、建设、运营的参与者。民众参与国家文化公园的规划，有利于增强规划的科学性、合理性，有利于减少规划实施的阻力，有利于提升国家文化公园规划实施的效果。民众参与国家文化公园的建设，有利于提高国家文化公园建设的效率,有利于促进国家文化公园与地方文化的融合。民众参与国家文化公园的运营特别是国家文化公园文物及文化资源的保护,有利于提升民众爱护文物、文化资源的意识,有利于增强文物、文化资源保护的成效。我们建议在国家文化公园立法中,应明确规定公众参与机制,在国家文化公园规划的编制、修改过程中,在国家文化公园的建设、运营过程中,应采取适当方式方便民众参与。

国家文化公园规划、建设、运营过程中的专家参与。国家文化公园的规划、建设、运营涉及多方面的专业事务,例如文物及文化资源的保护、地质勘探、造型设计、生态恢复等。通过专家的参与,有利于提升国家文化公园选址的科学性,有利于文物及文化资源保护的专业性,有利于提升国家文化公园文物及文化资源创造性转化的成效。专家参与,已经成为国际上关于国家文化公园建设的有益经验之一。为此,应当通过立法,明确国家文化公园工作中专家的资质、遴选机制、回避机制、会议召集程序、专家报酬等事宜。

三、国家文化公园运营的法治保障

国家文化公园是依托文化资源向社会公众开放的公园。为维护国家文化公园依托的各类文化资源,保障公园的各类公共设施正常运行,满足游客参观游览时的餐饮、住宿、购物等正常需求,国家文化公园应当建立运营管理制度,就开放条件、门票收取、餐饮等服务项目的经营等作出规范,确保国家文化公园日常运营的公益属性。在此方面,一些地方立法作出了有益探索,对国家文化公园对外开放的条件、程序、服务项目的设立等作出了规定。例如,《宁夏回族自治区长城保护条例》第二十九条规定,长城点段辟为参观游览区前,长城所在地县级以上人民政府应当组织开展长城点段保存现状、开放可行性、可承载的利用类型以及强度等专项评估,制定参观游览区管理规定。前述条例第三十条规定,长城参观游览区的经营性收入应当优先用于长城保护。《贵州长征国家文化公园管理条例》第三十九条规定,县级以上人民政府长征国家文化公园主管部门应当制定长征国家文化公园运营管理的相关制度,落实管理措施。县级以上人民政府可以引进住宿、餐饮、文化消费等关联性强的经营者参与长征国家文化公园的建设和运营。管控保护区和主题展示区引进经营者应当适度，禁止不恰当开发。

国家文化公园的开放条件。公园，是面向社会开放向公众提供游览、休憩、观赏、休闲、娱乐服务的场所，需要在具备一定的条件后，才能对外开放。国家文化公园作为公园向游客开放，同样需要具备一定的条件。在充分借鉴地方国家文化公园立法关于国家文化公园开放条件规定的基础上，我们建议，国家文化公园开放的条件应当包括下述几个方面：长城、大运河、长征、黄河、长江遗产所在地开辟为国家文化公园参观游览区的，应当符合相关遗产保护规划的要求，保障相关文化遗产安全和游客安全；文化遗产区、缓冲区内的观光旅游设施、交通游览工具的外观应当与文化遗产景观环境相协调；国家文化公园参观游览区有明确的保护机构，已依法划定保护范围、建设控制地带，并已建立保护标志、档案。

国家文化公园的开放程序。开放程序，是指开放工作需要履行的法定手续、步骤、方式、期限等。国家文化公园的开放，需要履行一定的手续、步骤，遵循法定的方式、期限。国家文化公园的开放程序，实际是指国家文化公园参观游览区的开放程序，是为了确保国家文化公园的开放、运营符合法定的开放条件，保障相关文物和文化遗产的安全，保障参观游客的合法权益，保障国家文化公园参观游览区所在区域居民的合法利益。总结地方国家文化公园开放程序的立法经验，我们建议，未来国家文化公园开放程序立法，应当包括下列内容：一是在长城、大运河、长征、黄河、长江等国家文化公园参观游览区开放前，相关文物及文化遗产所在地县级以上人民政府应当组织开展相关文物及文化遗产点段保存现状、开放可行性、可承载的利用类型以及强度等专项评估，制定参观游览区管理规定；二是编制相关文物及文化遗产段落利用规划和保护方案，经相关文物及文化遗产段落所在地省级人民政府文物主管部门审查通过后报请省人民政府批准。

国家文化公园的教育体系，是指依托国家文化公园的文物、遗址遗存、非物质文化遗产等资源,面向社会特别是青少年群体,开展教育活动,引导社会特别是青少年群体加深对文化资源价值、意义的认识,不断增强社会特别是青少年群体对中华优秀传统文化、革命文化的自信,激发社会特别是青少年全面参与中华民族复兴伟大征程的强大精神力量。对此,建议通过立法,明确县级以上人民政府国家文化公园主管部门应当支持各级各类学校,依托国家文化公园开展现场教学、现场教育等活动。鼓励和支持县级以上国家文化公园主管部门与地方党政机关、团体、乡村、社区、学校、企事业单位、军队等有关单位建立共建共享机制,开展主题教育。

国家文化公园的宣传,是指为充分发挥国家文化公园在提升民众文化素养、增强国民文化自信、弘扬社会主义核心价值观等方面的作用,国家文化公园管理机构等主体,借助于各类媒体,对国家文化公园进行宣传报道。在此方面,一些地方立法作出了积极的探索,对国家文化公园宣传活动的主体、方式等作出了规定。例如,《河北省长城保护条例》第四十五条规定,鼓励在车站、机场、码头、公共交通工具、商业营业场所、公园、景区等公共场所开展长城公益宣传;鼓励长城文化元素进社区、进校园、进企业,开展长城文化、长城精神主题活动。《贵州长征国家文化公园条例》第三十二条规定,县级以上人民政府长征国家文化公园主管部门应当加强长征国家文化公园的宣传,可以在有条件的展馆、旅游集散中心等场馆设置长征文化体验内容,推广长征文化体验游。广播、电视、报刊、网络等媒体应当加强对长征国家文化公园保护、建设、利用和管理的宣传报道和舆论监督。上述地方关于国家文化公园宣传活动的规定,有利于明确宣传活动的主体、职责,有利于提升国家文化公园宣传活动的效果。为此,建议未来的国家文化公园立法要充分吸收、借鉴地方对国家文化公园立法中宣传活动的经验,对国家文化公园宣传活动的主体、方式等作出规定。

国家文化公园安全保障和应急管理。国家文化公园虽然被称为公园,但分布广泛,面积辽阔,涵盖多种类型的自然资源。例如:长城国家文化公园对外开放的长城点段多数分布在人迹罕至的崇山峻岭之中,行走十分危险;大运河国家文化公园对外开放的河段,有的河道交通繁忙,船只众多;长征国家文化公园的长征遗址遗存多数分布在偏远山区,道路狭窄,通行困难;黄河、长江国家文化公园对外开放的地段,水流湍急,风大浪高。在上述国家文化公园内从事经营,开展游览、休憩、住宿等活动,无论是对于文化资源自身,还是游客的人身、财产安全等,都存在着一定的安全隐患。为了保障国家文化公园依托的文化资源本体及临近区域文化遗产的安全,保障游客的人身、财产安全,应当建立国家文化公园的安全保障和应急管理制度。我们建议,未来对国家文化公园立法应明确规定下列事宜:县级以上人民政府国家文化公园主管部门应当建立健全国家文化公园的安全保障和应急管理制度,加强安全管理,公布应急救援联系方式,至少每两年组织一次生产安全事故应急救援预案演练。国家文化公园内的经营单位应当严格执行安全生产管理和消防安全管理的法律、法规、国家标准、行业标准,具备相应的安全生产条件,制定旅游者安全保护制度和应急救援预案。

国家文化公园流量控制。国家文化公园的流量控制,也称之为国家文化公园的最大承载量控制。最大承载量,是指在一段时间内,一般是指一天,在保障国家文化公园文物安全、公园正常运行的前提下,所能容纳的参观者规模的最大数额。任何一个国家文化公园,无论是黄河国家文化公园,还是长城国家文化公园,在特定的时间段内,受文物等文化资源安全保障、道路通行能力、餐饮、住宿、空间、环境保护、生态保护、运营人员数量等因素的限制,其接待参观者的数量规模必然会有一定的极限,也就是最大承载量。为了实施流量控制,应通过立法明确下列内容:明确规定国家文化公园实行流量控制制度;明确规定由县级以上人民政府国家文化公园主管部门根据文物等文化遗产资源的承载力确定国家文化公园的最大承载量,并向社会公开发布;明确规定国家文化公园管理机构应采取事先预约、信息通报等方式实施流量控制;在参观者数量达到或接近国家文化公园最大承载量时,国家文化公园管理机构应当及时疏导,采取分时进入或者限制进入等措施。

国家文化公园监测管理。监测,是指为了及时了解国家文化公园运行的状况、国家文化公园周边环境状态,相关行政主管部门借助于相应的仪器、设备、设施对国家文化公园的文物、文化资源、公园内外环境状况等进行的观测、记录,形成记录档案,对监测信息进行分类处理,按国家要求上报监测数据,提交日常监测报告。根据监测的部门,监测可以分为文物、环境保护、城市管理、水行政、交通运输、气象、规划、国土资源、房产、旅游等监测。根据监测的周期,监测可以分为日常监测、定期监测、反应性监测。根据监测主体的行政级别,监测可以分为国家级监测、省级监测、市级监测。为了做好监测工作,应当通过立法明确以下内容:县级以上人民政府应当根据需要明确或者设立长城、大运河、长征、黄河、长江文物及文化遗产监测专业机构,配备必要的工作人员,开展文物及文化遗产保护的监测工作,建立完善监测档案,并按照国家和省有关规定报送监测报告。自然资源、生态环境、住房城乡建设、交通运输、水利、文化旅游、综合行政执法、气象等部门,应当配合做好相关监测工作,提供相关监测数据。监测数据应当纳入政府公共数据平台。

国家文化公园利用行为负面清单。利用行为负面清单,是指为保护国家文化公园依托的文物、遗址遗迹、文化遗产等文化资源的安全,对一些可能对文物、遗址遗迹、文化遗产等文化资源的保护造成破坏的行为明令禁止,以此提示相关行为人,不得从事法律明确禁止的行为,否则,应承担相应法律责任。当然,此处的禁止行为清单,应当根据不同类型的文化资源之保护来确定。同时,为了防止禁止行为清单过于宽泛,影响国家文化公园所在地正常的经济与社会发展,需要在禁止行为清单的边界与国家文化公园所依托文化资源的保护之间进行适当的平衡,并进行动态的调整。

国家文化公园的法律责任体系。法律责任,是国家针对行为人违反法律规范设定的否定性的义务与惩戒。行为人的行为不同,违反的法律规范不同,其法律责任也不尽相同。根据现行法律体系,我国的法律责任包括刑事法律责任、民事法律责任、行政法律责任三种类型。不同的法律责任有不同的作用,三者共同构成法律责任体系,保障法律规范的有效实施,保障经济与社会的正常运行。对于国家文化公园而言,法律责任体系关系到国家文化公园依托文资源的安全，关系到国家文化公园规划、建设、运营等工作的正常开展。在此方面，建议参照《中华人民共和国文物保护法》等法律设定下列法律责任：一是损坏、侵害国家文化公园依托文物及文化资源的行政法律责任；二是在国家文化公园保护范围内从事违法建设、爆破等活动的行政法律责任；三是损害、破坏国家文化公园范围内文化资源的民事赔偿责任；四是国家文化公园管理者怠于履行相关保护、管理职责的行政法律责任、行政处分等；五是行为人破坏、毁坏文物，违反刑法，构成犯罪的，依法追究其刑事责任。

上述主要制度，既是地方层面国家文化公园立法的基础性制度，也是未来国家层面各类国家文化公园立法应当涵盖的主要制度。

后　记

文化是一个国家、一个民族的灵魂，每一个时代都需要有标识性文化和代表每个时代文化特色的精品力作。中国特色社会主义进入新时代，推进社会主义文化强国建设，满足人民文化需求，增强人民精神力量，是实现中华民族伟大复兴的必然要求。

国家文化公园蕴含了中华文化和中国精神的时代精华，建设国家文化公园，是深入贯彻落实习近平文化思想的重要举措。加强长城、大运河、长征、黄河、长江国家文化公园建设，打造传承中华文明的历史文化标识，更好彰显文化自信，是新时代党中央、国务院做出的重大决策部署，是"十四五"期间我国深入推进文化强国建设做出的重要战略举措。这对更好突出中华文化的整体辨识度，形成中华文化的重要标识，构筑中国精神，汇聚中国力量，具有重要的战略意义。当前，由国家有关部门统筹推动，相关省份协同发力，长城、大运河、长征、黄河、长江等国家文化公园建设正在有序推进。

为更好地助推国家文化公园建设，深化对国家文化公园的研究，发挥文化公园在构筑中国精神、凝聚中国力量等方面的作用，由中国出版集团研究出版社和北京第二外国语合作，组织开展了国家文化公园系列著作的撰写，本书是其中的成果之一。本书以国家文化公园建设的基本理论为主题，以习近平新时代中国特色社会主义思想为指导，总体论述了国家文化公园建设的战略背景、理论基础、指导思想、深刻内涵、重要价值、基本方略，对国家文化公园建设中关系全局的主要问题提出解决思路和方向，是整个系列丛书的总论和思想理论基础。

在本书撰写出版过程中，得到中国出版集团研究出版社、北京第二外国语学院的大力支持，多次组织专家进行指导。本书的撰写主要由北京第二外国语学院马克思主义学院承担，同时得到了校科研处和旅科院全力支持，召集了在这一领域有较好研究基础的专业教师加入，组建了较为合理的撰写小组，经过多次研讨成稿。初稿形成后，邀请中国出版集团研究出版社相关领导和中国社会科学院相关专家审读，不断对书稿进行打磨。

本书作为国家文化公园理论与实践丛书的总论，在北京第二外国语学院校长计金标同志的亲自指导和组织推动下，北京第二外国语学院马克思主义学院庄文城同志统筹本书整体框架、写作思路，撰写前言后记和审稿定稿，王新举同志负责统稿。各章节的撰写人员分工如下：第一章：庄文城、陈伟功，第二章：王欣、朱丹梦、徐晓文、周琳，第三章：孟根龙、李谧，第四章：王新举、张敏，第五章：蒋晓侠、王天星。书稿复印之际，借此机会对中国出版集团各位领导，研究出版社总编辑丁波、责任编辑寇颖丹等同志，以及对参与和关心本书研究、撰写和出版的各位领导、专家表示真挚的感谢。

由于作者学术视野、研究水平有限，书中定有纰漏和错谬之处，诚请有关领域专家学者及读者批评指正。

本书撰写组

2024年3月于北二外